Sudhakar Pandey
Narendra Kumar Shukla

Clusterings e Roteamentos para MANET

Sudhakar Pandey
Narendra Kumar Shukla

Clusterings e Roteamentos para MANET

ScienciaScripts

Imprint

Cover image: www.ingimage.com

This book is a translation from the original published under ISBN 978-620-2-01703-9.

Publisher:
Sciencia Scripts
is a trademark of
Dodo Books Indian Ocean Ltd. and OmniScriptum S.R.L publishing group

120 High Road, East Finchley, London, N2 9ED, United Kingdom
Str. Armeneasca 28/1, office 1, Chisinau MD-2012, Republic of Moldova, Europe
Printed at: see last page
ISBN: 978-620-7-63066-0

Dedicado

Para

Os meus pais

(Sra. e Sra. Radha

Raman Pandey)

ÍNDICE

Agradecimentos

Em primeiro lugar e acima de tudo, devo o meu profundo sentido de obrigação e gratidão ao meu respeitado supervisor, **Dr. Narendra Kumar Shukla,** pela sua orientação especializada durante toda a duração do meu trabalho de investigação. Estou altamente endividado e transbordante de gratidão para com ele por toda a sua benemerência, porque sempre me iniciou na presente investigação e, ao mesmo tempo que me encorajava a explorar livremente novas ideias, dava, de tempos a tempos, contributos extremamente úteis. Esta tese não teria sido concluída tal como aqui apresentada sem o seu encorajamento, os seus valiosos conselhos e a sua supervisão.

Rajeev Tripathi, Professor e Diretor do Departamento de Eletrónica e Comunicação, MNNIT Allahabad, pelo seu generoso apoio, comentários, conselhos, encorajamento, ajuda inestimável e orientação durante toda a duração da minha investigação.

Expresso a minha sincera gratidão a todos os membros respeitados do corpo docente pela sua ajuda construtiva e sugestões úteis durante o curso do trabalho, em particular ao Prof. S. D. Dixit (Reitor, Faculdade de Ciências), Prof. H. K. Dixit (Chefe, Departamento de Eletrónica e Comunicação), Prof. R.R.Tiwari, Prof. K. Dwivedi, Prof. Nar Singh, Prof. J. A. Ansari e.

Estou grato e em dívida para com todo o pessoal técnico pela sua ajuda e apoio de várias formas. Estou igualmente grato aos membros do pessoal não técnico do departamento pela sua ajuda e cooperação em muitos aspectos.

Shrish Verma, Diretor do Departamento de Tecnologias da Informação do Instituto Nacional de Tecnologia de Raipur, pela sua inestimável cooperação e pelas facilidades concedidas durante o meu trabalho de investigação. Gostaria de agradecer a todos os meus amigos, nomeadamente o Sr. Nitin Pandey, o Dr. Anoop Kumar Tiwari, o Sr. Akshay Kumar Pal, a Sra. Shradha Gupta, a Dra. Neetu Agrawal, a Sra. Pushpa Ojha, o Sr. Sheo Kumar Mishra e o Coronel S. K. Dwivedi, por todas as discussões valiosas relativas a este trabalho. Expresso a minha gratidão aos meus colegas de laboratório e amigos do departamento, cuja ajuda e cooperação oportunas foram muito valiosas.

Estou igualmente grato ao Sr. Shashi Bhooshan Pandey, ao Sr. Krishna Kant Pandey e ao Sr. Bhaskar pelo seu apoio e encorajamento contínuos.

Gostaria de expressar os meus humildes cumprimentos aos meus respeitados pais, Sri Radha Raman Pandey e Smt. Shall Pandey, cujo afeto e bênção sempre me deram força para realizar o trabalho. Rajeev Tripathi, que me encorajou e motivou não só durante o meu trabalho de investigação, mas também me apoiou ao longo da minha educação. Estou muito grato a todos os membros da minha família, Priya Brat, Parth, Nisha e Usha Pandey, especialmente pela paciência, cooperação e apoio durante o período do meu trabalho de investigação e na preparação desta tese.

Estou igualmente grato ao NIT Raipur e ao IERT Allahabad pelo apoio prestado à investigação. Apresento também os meus profundos cumprimentos e a minha bênção a todos os que me apoiaram direta ou indiretamente em qualquer aspeto para a realização do meu trabalho de tese.

Por fim, presto a minha homenagem de estima a DEUS por ter simplificado tudo.

(Sudhakar Pandey)

Prefácio

A presente tese trata do agrupamento e do encaminhamento de QoS para redes móveis Ad Hoc. Neste trabalho de investigação, identificámos os principais problemas para a melhoria da QoS e optimizámos o mecanismo de agrupamento. O encaminhamento QoS de previsão de falhas de nós com níveis de potência classificados minimiza o atraso de ponta a ponta e a taxa de entrega de pacotes. O algoritmo de agrupamento ponderado lida com vários parâmetros: diferença de grau, distâncias dos nós vizinhos, movimento do nó e nível de potência do nó que vai ser eleito como um agrupamento. Toda a tese está organizada em seis capítulos.

C O capítulo 1 começa com uma introdução geral às redes ad hoc móveis, com as tecnologias utilizadas para implantar a rede, desafios gerais, questões e dificuldades, diferentes classes de algoritmos de encaminhamento para MANET e questões em diferentes camadas da rede.

C O capítulo 2 analisa os trabalhos de investigação realizados no mesmo domínio com vista à introdução de melhorias. Os problemas entre camadas foram descritos com a necessidade de investigação. Os limites das MANET, a perspetiva dos utilizadores e a perspetiva técnica são explicados na parte final do capítulo. Por último, mas não menos importante, a motivação, o objetivo e a definição da tarefa e do problema estão escritos num estilo muito bonito.

C capítulo 3 é o primeiro capítulo em que se inicia a solução proposta para melhorar os parâmetros de QoS atraso de fim a fim e rácio de entrega. O protocolo de encaminhamento QoS Node Failure Prediction com níveis de potência classificados é uma proposta com restrições de potência para estabelecer um caminho muito estável para a transferência de dados. O trabalho relacionado, a simulação e os resultados com a conclusão são discutidos no último capítulo.

C capítulo 4 explicou a próxima proposta de agrupamento optimizado com várias restrições de nós. O algoritmo de seleção do agrupamento é descrito com um exemplo ilustrativo. A simulação e a conclusão com os resultados também são discutidas na última parte do capítulo.

C capítulo 5 apresenta a conglomeração dos dois algoritmos acima referidos, que são os algoritmos de agrupamento ponderado e o algoritmo de encaminhamento QoS de previsão de falhas de nós com níveis de potência classificados. Os passos envolvidos na seleção da cabeça de agrupamento são novamente explicados como WCA e os passos adicionais mostram o processo de conglomeração do conceito. A simulação, os resultados da simulação e um exemplo ilustrativo são discutidos em pormenor.

C capítulo 6 conclui todo o trabalho efectuado durante a investigação. O capítulo também apresenta os aspectos futuros da investigação no mesmo domínio com sugestões e orientações úteis.

CAPÍTULO : 1

INTRODUÇÃO

1.1 Introdução

Nos últimos anos, surgiram muitas normas e tecnologias de conetividade sem fios. Estas tecnologias permitem aos utilizadores ligar uma vasta gama de dispositivos informáticos e de telecomunicações de forma fácil e simples, sem necessidade de comprar, transportar ou ligar cabos. Estas tecnologias oferecem oportunidades para ligações ad hoc rápidas e a possibilidade de ligações automáticas e inconscientes entre dispositivos. Praticamente eliminarão a necessidade de comprar cabos adicionais ou próprios para ligar dispositivos individuais, criando assim a possibilidade de utilizar dados móveis numa variedade de aplicações. As redes locais com fios (LAN) têm tido muito êxito nos últimos anos e, agora, com a ajuda destas tecnologias de conetividade sem fios, as LAN sem fios (WLAN) começaram a surgir como alternativas muito mais poderosas e flexíveis às LAN com fios. Até há poucos anos, a velocidade da WLAN estava limitada a dois megabits por segundo (Mbps), mas com a introdução destas novas normas, estamos a assistir a WLANs que podem suportar até onze Mbps na banda Industrial, Científica e Médica (ISM) [135].

Existem muitas tecnologias e normas deste tipo, entre as quais se destacam as normas Bluetooth, Infrared Data Association (IrDA), HomeRF e Institute of Electrical and Electronic Engineers (IEEE) 802.11. Estas tecnologias competem em certas frentes e são complementares noutras áreas. As redes ad hoc, que são redes puramente sem infra-estruturas, são outro desenvolvimento na área das comunicações sem fios e móveis. Assim, tendo em conta o facto de existirem tantas tecnologias, qual é a melhor tecnologia e qual a solução que se deve selecionar para uma aplicação específica? Para compreender isto, temos de analisar os pontos fortes e fracos e também os domínios de aplicação de cada uma destas normas e tecnologias. A premissa subjacente a todas estas normas é a utilização de algum tipo de tecnologia de rádio subjacente para permitir a transmissão de dados sem fios e fornecer suporte para a formação de redes e a gestão de vários dispositivos através de software de alto nível. O Bluetooth, apesar de ser bastante recente, emergiu como líder nesta chamada batalha entre tecnologias concorrentes devido ao tipo de apoio que está a receber de todos os sectores da indústria. No entanto, há que ter em conta que a viabilidade de uma tecnologia depende do contexto da aplicação.

1.1.1 IrDA:

Muitos dos dispositivos actuais oferecem interfaces de associação de dados por infravermelhos (IrDA) com gamas de transmissão de, por exemplo, 115 Kbit / s ou 4 Mbit / s. Existem vários problemas com a IrDA: o seu alcance muito limitado (tipicamente 2 m para interfaces incorporadas), a necessidade de linha de visão entre os participantes, ou seja, apenas são suportadas ligações ponto a ponto. O IrDA não tem função de funcionamento da Internet, não tem acesso aos meios de comunicação ou qualquer outro mecanismo de comunicação melhorado. A grande vantagem do TrDA é o seu baixo custo e pode ser encontrado em quase todos os dispositivos móveis (computadores portáteis, PDAs, telemóveis)[136].

O IrDA tem um conjunto de protocolos que cobrem todos os níveis de transferência de dados e, além disso, tem uma conceção de gestão de rede e de interportabilidade. O protocolo IrDA tem o IrDA DATA como veículo para a entrega de dados e o IrDA CONTROL para o envio e controlo de informações. Em geral, o IrDA é utilizado para fornecer tecnologias de conetividade sem fios a dispositivos que normalmente utilizariam cabos para a conetividade. Oferece comunicação bidirecional com base em especificações.

1.1.2 Bluetooth:

O Bluetooth é uma tecnologia de ligação sem fios de micro-ondas de alta velocidade e baixa potência, concebida para ligar telefones, computadores portáteis, assistentes pessoais digitais (PDA) e outros equipamentos portáteis com pouco ou nenhum trabalho por parte do utilizador. Ao contrário dos infravermelhos, o Bluetooth não requer o posicionamento em linha de vista das unidades ligadas. A tecnologia utiliza modificações das técnicas de LAN sem fios existentes, mas destaca-se pelo seu tamanho reduzido e baixo custo. Sempre que quaisquer dispositivos com Bluetooth se encontram ao alcance uns dos outros, transferem instantaneamente informações de endereço e estabelecem pequenas redes entre si, sem o envolvimento do utilizador[135].

As características da tecnologia Bluetooth são as seguintes

- Funciona na banda ISM de 2,56 gigahertz (GHz), que está disponível a nível mundial (não é necessária licença)
- Utiliza o espetro de propagação por salto de frequência (FHSS)
- Pode suportar até oito dispositivos numa pequena rede conhecida como "piconet"
- Transmissão omnidirecional, sem linha de visão, através de paredes
- Alcance de 10 m a 100 m
- Baixo custo
- 1 mw de potência
- Alcance alargado com amplificador de potência externo (100 metros)

1.1.3 InícioRF:

As características do HomeRF são as seguintes

- Funciona na gama de 2,45 GHz da banda ISM não licenciada.
- Alcance: até 150 pés.
- Utiliza o salto de frequência a 50 saltos por segundo.
- Suporta tanto um serviço de acesso múltiplo por divisão do tempo (TDMA) para fornecer voz interactiva como um serviço CSMA/CA para entrega de pacotes de dados de alta velocidade.
- A rede tem capacidade para suportar até 127 nós.
- Potência de transmissão: 100mW.
- Débito de dados: 1 Mbps com modulação FSK (frequency-shift keying) de 2 e 2 Mbps com modulação FSK de 4.
- Ligações de voz: até 6 conversações em full duplex.
- Segurança dos dados: algoritmo de encriptação blowfish (mais de 1 trilião de códigos).
- Compressão de dados: Algoritmo Lempel-Ziv Ross Williams 3 (LZRW3)-A.

1.1.4 Fidelidade sem fios 802.11 (WiFi)

Fidelidade sem fios O WiFi é uma tecnologia sem fios comum utilizada por proprietários de casas, pequenas empresas e ISPs em fase de arranque. Os dispositivos WiFi estão disponíveis "prontos a usar" nas lojas de informática e os dispositivos WiFi melhorados são concebidos para utilização por ISP[137]. [137] As vantagens da WiFi são as seguintes:

- Ubíquo e neutro em termos de fornecedor; qualquer dispositivo WiFi funcionará com outro, independentemente do fabricante.
- Custo acessível.
- Hackeável; existem muitos "hacks" para aumentar o alcance e o desempenho de uma rede WiFi.

As desvantagens são as seguintes:

- Concebido para LANs, não para redes de área alargada (WAN).
- Utiliza o mecanismo CSMA. Apenas uma estação sem fios pode "falar" de cada vez, o que significa que um utilizador pode potencialmente ocupar todos os recursos da rede. Aplicações como videoconferência, Voice-Over Internet Protocol (VOIP) e multimédia podem derrubar uma rede.

	Peak Data Rate	Range	Relative Cost	Voice Network Support	Data Network Support
IEEE 802.11	2 Mbps	50 meters	Medium	Via Internet Protocol (IP)	Transmission Control Protocol (TCP)/IP
IrDA	16 Mbps	< 2 meters	Low	Via IP	Via Point-to-Point Protocol (PPP)
Bluetooth	1 Mbps	< 10 meters	Medium	Via IP and Cellular	Via PPP
HomeRF	1.6 Mbps	50 meters	Medium	Via IP and PSTN	TCP/IP

Tabela 1.1 ***Comparação de várias tecnologias sem fios***

1.2 Redes Ad Hoc

Na última década, com o aparecimento de interfaces de rede sem fios de baixo custo no mercado da eletrónica de consumo, destinadas a aplicações civis (por exemplo, Bluetooth e WiFi), o paradigma das redes móveis ad hoc (MANET) ganhou força, mesmo fora do domínio militar. Isto porque prevê serviços de rede para utilizadores móveis em zonas sem infra-estruturas de comunicações pré-existentes ou com infra-estruturas que requerem uma extensão sem fios. Neste paradigma, os dispositivos móveis organizam-se para criar uma rede explorando as suas interfaces de rede sem fios, sem necessidade de uma infraestrutura previamente instalada. A rede ad hoc mais simples é uma rede peer to peer formada por um conjunto de estações dentro do alcance umas das outras que se configuram dinamicamente para criar uma rede ad hoc temporária de salto único. Este tipo de rede constitui uma solução eficaz para a automatização de casas e escritórios, interligando dinamicamente dispositivos a curta distância. Uma piconet Bluetooth é provavelmente o exemplo mais difundido de uma rede ad hoc de salto único. No entanto, estas redes estão limitadas a dispositivos que se encontram dentro do mesmo raio de transmissão. Esta limitação pode ser ultrapassada explorando o paradigma ad hoc multihop[135].

Numa rede multihop, os pacotes são encaminhados de forma ad hoc pelos nós da rede desde a origem até ao destino. Os nós próximos podem comunicar diretamente explorando uma tecnologia sem fios de salto único (por exemplo, Zigbee, Bluetooth, 802.11, etc.). Os dispositivos que não estão diretamente ligados podem comunicar encaminhando o seu tráfego através de uma sequência de dispositivos intermédios [1, 2]. Assim, os nós da rede (ou seja, os dispositivos móveis dos utilizadores) devem fornecer, de forma cooperativa, a funcionalidade normalmente fornecida pela infraestrutura de rede (por exemplo, routers, comutadores ou servidores). Daqui em diante, referimo-nos a este modelo de rede como *MANET pura de uso geral,* em que *pura* indica que o paradigma

MANET é estritamente seguido: não se assume qualquer infraestrutura para implementar as funções de rede e nenhuma autoridade é responsável pela gestão e controlo da rede. A *finalidade geral* indica que estas redes não foram concebidas com uma aplicação específica em mente, mas que suportam qualquer aplicação TCP/IP herdada. Especificamente, os investigadores concentraram os seus esforços na conceção e avaliação de algoritmos e protocolos para implementar comunicações eficientes num cenário semelhante ao ilustrado na Fig. 1.1. Neste caso, não existe qualquer infraestrutura e (um grande número de) dispositivos dos utilizadores que são activados sem fios (normalmente 802.11 em modo ad hoc), fornecem cooperativamente a funcionalidade que normalmente é fornecida pela infraestrutura de rede (por exemplo, routers, comutadores ou servidores). Os nós movem-se de acordo com um padrão de mobilidade (geralmente aleatório) e activam sessões de comunicação com outros nós móveis para realizar operações de transferência de dados.

A flexibilidade e a conveniência da rede ad hoc têm um preço. Para além dos problemas tradicionais das redes sem fios, a natureza multihop e a ausência de infra-estruturas fixas acrescentam características, complexidades e restrições de conceção específicas destas redes, por exemplo, topologias de rede que mudam dinamicamente e variações nas capacidades das ligações e dos nós *(Capítulo 9* em [2]). Esta situação levou a uma extensa atividade de investigação para definir as funções, protocolos e arquitecturas das MANET e para dar resposta às novas características, complexidades e restrições de conceção. A criação, em 1997, de um grupo de trabalho da IETF (Internet Engineering Task Force), designado MANET WG, desencadeou uma era de investigação nestas redes. Foram criados vários fóruns científicos para abordar as questões específicas e os condicionalismos destas redes, tendo sido escritos milhares de artigos científicos. No entanto, após quase uma década de investigação, a tecnologia MANET pura de uso geral ainda não afectou a nossa forma de utilizar as redes sem fios. Embora o acesso sem fios 802.11 seja omnipresente, os utilizadores raramente utilizam este hardware em modo ad hoc e, exceto em bancos de ensaio de laboratório, nunca utilizam a tecnologia MANET. Existem soluções eficazes, mas baseiam-se em tecnologias proprietárias e/ou são concebidas para cenários especializados (como o campo de batalha, a recuperação de desastres, etc.).

1.3 Desafios das redes móveis Ad Hoc

Nas MANET, a comunicação entre os nós é efectuada através de um meio sem fios. Como os nós são móveis e podem entrar ou sair da rede, as MANET têm uma topologia dinâmica. Os nós que estão ao alcance de transmissão uns dos outros são chamados vizinhos. Os vizinhos podem enviar diretamente uns aos outros. No entanto, quando um nó precisa de enviar dados para outro nó não vizinho, os dados são encaminhados através de uma sequência de múltiplos saltos, com os nós intermédios a actuarem como encaminhadores. A Figura 1.1 apresenta um exemplo de rede ad hoc.

1.3.1 Questões principais

Há inúmeras questões a considerar aquando da implantação das MANET. De seguida, apresentam-se algumas das principais questões.

1.3.1.1, **Imprevisibilidade do ambiente**: As redes ad hoc podem ser implantadas em terrenos desconhecidos, condições perigosas e mesmo em ambientes hostis, onde a manipulação ou a destruição efectiva de um nó pode ser iminente. Dependendo do ambiente, as falhas dos nós podem ocorrer frequentemente.

1.3.1.2. **Falta de fiabilidade do meio sem fios**: A comunicação através do meio sem fios não é fiável e está sujeita a erros. Além disso, devido a condições ambientais variáveis, como níveis elevados de interferência electromagnética (EMI) ou condições meteorológicas adversas, a qualidade da ligação sem fios pode ser imprevisível.

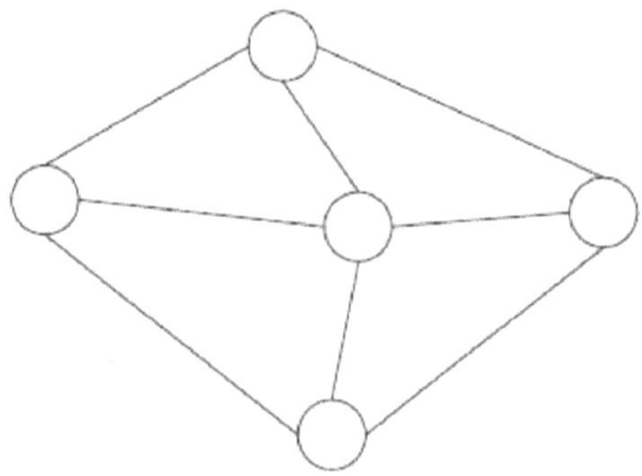

Fig.1.1 *Um exemplo de rede ad hoc, com círculos a representar os nós. Dois nós que estão ao alcance de transmissão um do outro estão ligados por uma linha.*

Além disso, em algumas aplicações, os nós podem ter recursos limitados e, por isso, não podem suportar os protocolos de transporte necessários para garantir uma comunicação fiável numa ligação com perdas. Assim, a qualidade da ligação pode flutuar numa MANET.

1.3.1.3, **Nós com recursos limitados**: Os nós numa MANET são normalmente alimentados por baterias e têm capacidades limitadas de armazenamento e processamento. Além disso, podem estar situados em zonas onde não é possível recarregar, pelo que têm um tempo de vida limitado. Devido a estas limitações, devem dispor de algoritmos eficientes do ponto de vista energético e funcionar com recursos limitados de processamento e memória. A largura de banda disponível do meio sem fios pode também ser limitada, porque os nós podem não ser capazes de sacrificar a energia consumida pelo funcionamento à velocidade máxima da ligação.

1.3.1.4, **Topologia dinâmica**: A topologia de uma rede ad hoc pode mudar constantemente devido à mobilidade dos nós. medida que os nós entram e saem do alcance uns dos outros, algumas ligações quebram-se e são criadas novas ligações entre nós.

1.3.2 Falhas

Devido a estes problemas, as MANET são propensas a numerosos tipos de falhas, incluindo

1.3.2.1 Erros de transmissão: A falta de fiabilidade do meio sem fios e a imprevisibilidade do ambiente podem levar a que os pacotes transmitidos sejam distorcidos e, portanto, recebidos com erro.

1.3.2.2 Falhas de nós: Os nós podem falhar em qualquer altura devido a diferentes tipos de condições perigosas no ambiente. Podem também abandonar a rede, quer voluntariamente, quer quando o seu fornecimento de energia se esgota.

1.3.2.3 Falhas de ligação: As falhas dos nós, bem como as alterações das condições ambientais (por exemplo, aumento dos níveis de EMI) podem provocar a rutura das ligações entre os nós.

1.3.2.4 Quebras de rota: Quando a topologia da rede se altera devido a falhas de nós/ligações e/ou adições de nós/ligações à rede, as rotas tornam-se desactualizadas e, por conseguinte, incorrectas. Dependendo do protocolo de transporte da rede, os pacotes encaminhados através de rotas desactualizadas podem acabar por ser eliminados ou atrasados; os pacotes podem seguir um percurso tortuoso antes de chegarem ao nó de destino.

1.3.2.5 Nós ou ligações congestionados: Devido à topologia da rede e à natureza do protocolo de encaminhamento, certos nós ou ligações podem ficar sobreutilizados, ou seja, . congestionados. Isto conduzirá a atrasos maiores ou à perda de pacotes.

Os protocolos de encaminhamento para as MANET têm de lidar com estas questões para serem eficazes. Na parte restante desta secção, apresentamos uma visão geral de alguns dos principais protocolos de encaminhamento unipath para MANETs.

1. 3.3 Roteamento Unipath em MANETs

Os protocolos de encaminhamento são utilizados para encontrar e manter rotas entre os nós de origem e de destino. Duas classes principais de protocolos de encaminhamento ad hoc são os protocolos baseados em tabelas e os protocolos a pedido [85] [86] [90] [91]. Nos protocolos baseados em tabelas [90] [91], cada nó mantém uma tabela de encaminhamento que contém rotas para todos os nós da rede. Os nós têm de trocar periodicamente mensagens com informações de encaminhamento para manter as tabelas de encaminhamento actualizadas. Por conseguinte, as rotas entre nós são calculadas e armazenadas, mesmo quando não são necessárias. Os protocolos baseados em tabelas podem ser impraticáveis, especialmente para redes grandes e altamente móveis. Devido à natureza dinâmica das redes ad hoc, pode ser necessário trocar um número considerável de mensagens de encaminhamento para manter as informações de encaminhamento exactas ou actualizadas.

Nos protocolos a pedido [85] [86], os nós só calculam as rotas quando estas são necessárias. Por conseguinte, os protocolos a pedido são mais escaláveis para redes dinâmicas e de grandes dimensões. Quando um nó precisa de uma rota para outro nó, inicia um processo de descoberta de rota para encontrar uma rota. Os protocolos a pedido consistem nas duas fases principais seguintes.

1. **A descoberta de rotas** é o processo de encontrar uma rota entre dois nós (Figura 1.2)

2. **A manutenção de rotas** é o processo de reparação de uma rota danificada ou de procura de uma nova rota na presença de uma falha de rota (Figura 1.3)

A maioria dos protocolos de encaminhamento atualmente propostos para as redes ad hoc são protocolos de encaminhamento unipath. No encaminhamento unipath, é utilizada apenas uma única rota entre um nó de origem e um nó de destino. Dois dos protocolos mais utilizados são o Dynamic Source Routing (DSR) [86] e o Ad hoc On-demand Distance Vetor (AODV) [85]. O AODV e o DSR são ambos protocolos a pedido. Como a maioria dos protocolos de roteamento multipercurso discutidos neste capítulo são uma extensão de um desses dois protocolos, a subseção a seguir apresenta uma breve visão geral do DSR e do AODV.

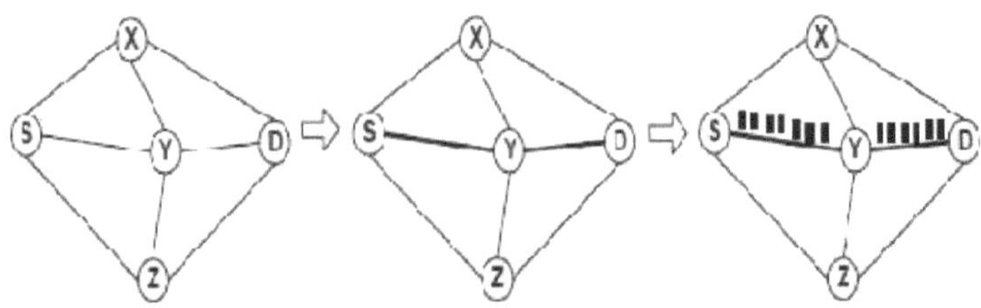

Fig. 1.2 *Um exemplo de descoberta de rota numa rede ad hoc. Para que o nó S possa enviar dados para o nó D, deve primeiro descobrir uma rota para o nó D. O nó S descobre uma rota para o nó D passando pelo nó Y e estabelece a rota. Uma vez estabelecida a rota, o nó S pode começar a enviar dados para o nó D ao longo da rota.*

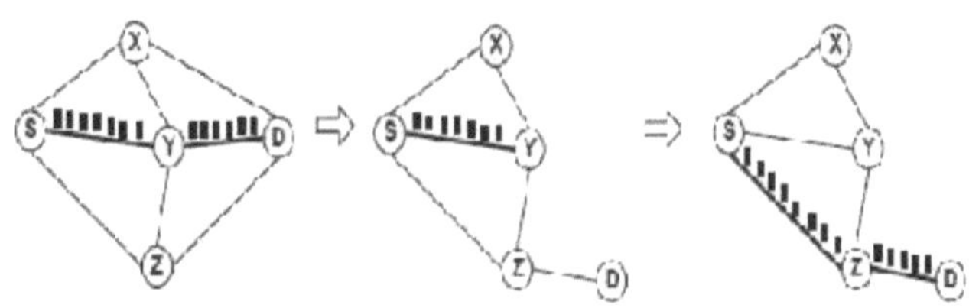

Fig. 1.3 *Um exemplo de manutenção de rota numa rede ad hoc. O nó S envia dados ao longo de uma rota estabelecida para o nó D através do nó Y. Quando o nó D sai do alcance do nó Y, esta rota é*

interrompida. O nó S encontra uma nova rota para o nó D através do nó Z e, assim, pode começar a enviar dados para o nó D novamente.

1.3.3.1 Encaminhamento dinâmico de fontes

O DSR é um protocolo de encaminhamento a pedido para redes ad hoc. Como qualquer protocolo de encaminhamento de origem, no DSR a origem inclui a rota completa no cabeçalho dos pacotes. Os nós intermédios utilizam-na para encaminhar os pacotes para o destino e mantêm uma cache de rotas que contém rotas para outros nós.

Descoberta de rotas. Se a fonte não tiver uma rota para o destino na sua cache de rotas, emite uma mensagem de pedido de rota (RREQ) especificando o nó de destino para o qual a rota é pedida. A mensagem RREQ inclui um registo de rota que especifica a sequência de nós percorridos pela mensagem. Quando um nó intermédio recebe um RREQ, verifica se já se encontra no registo de rotas. Se estiver, rejeita a mensagem. Isto é feito para evitar loops de encaminhamento. Se o nó intermédio tiver recebido o RREQ anteriormente, também rejeita a mensagem. O nó intermediário encaminha o RREQ para o próximo salto de acordo com a rota especificada no cabeçalho. Quando o destino recebe o RREQ, envia uma mensagem de resposta ao itinerário. Se o destino tiver uma rota para a fonte na sua cache de rotas, pode enviar uma mensagem de resposta à rota (RREP) ao longo dessa rota. Caso contrário, a mensagem RREP pode ser enviada ao longo do percurso inverso de volta à fonte. Os nós intermédios também podem utilizar a sua cache de rotas para responder aos RREQs. Se um nó intermédio tiver uma rota para o destino na sua cache, pode anexar a rota ao registo de rota no RREQ e enviar um RREP de volta à fonte contendo essa rota. Isto pode ajudar a limitar o flooding do RREQ. No entanto, se a rota armazenada em cache estiver desactualizada, pode fazer com que a fonte receba rotas obsoletas[134].

Manutenção da rota. Quando um nó detecta uma ligação quebrada ao tentar encaminhar um pacote para o próximo salto, envia uma mensagem de erro de rota (RERR) para a fonte que contém a ligação em erro. Quando uma mensagem RERR é recebida, todas as rotas que contêm a ligação em erro são eliminadas nesse nó.

1.3.3.2 Vetor de distância Ad Hoc a pedido

O AODV é um protocolo de encaminhamento a pedido para redes ad hoc. No entanto, ao contrário do DSR, que utiliza o encaminhamento na fonte, o AODV utiliza o encaminhamento hop-by-hop, mantendo entradas na tabela de encaminhamento nos nós intermédios.

Descoberta de rota: O processo de descoberta de rota é iniciado quando uma fonte precisa de uma rota para um destino e não tem uma rota na sua tabela de encaminhamento. Para iniciar a descoberta de rotas, a fonte inunda a rede com um pacote RREQ especificando o destino para o qual a rota é solicitada. Quando um nó recebe um pacote RREQ, verifica se é o destino ou se tem uma rota para o destino. Se qualquer um dos casos for verdadeiro, o nó gera um pacote RREP, que é enviado de volta à fonte ao longo do caminho inverso. Cada nó ao longo do caminho inverso estabelece um ponteiro de encaminhamento para o nó do qual recebeu o RREP. Isto cria um caminho de encaminhamento da fonte para o destino. Se o nó não for o destino e não tiver uma rota para o destino, retransmite o pacote RREQ. Nos nós intermédios, os pacotes RREQ duplicados são descartados. Quando o nó de origem recebe o primeiro RREP, pode começar a enviar dados para o destino.

Para determinar o grau relativo de desatualização das rotas, cada entrada na tabela de encaminhamento do nó e todos os pacotes RREQ e RREP são marcados com um número de sequência de destino. Um número de sequência de destino maior indica uma rota mais atual (ou mais recente). Ao receber um pacote RREQ ou RREP, um nó actualiza a sua informação de encaminhamento para estabelecer o caminho inverso ou de encaminhamento, respetivamente, apenas se a rota contida no pacote RREQ ou RREP for mais atual do que a sua própria rota. [135]

Manutenção da rota: Quando um nó detecta uma ligação quebrada ao tentar encaminhar um pacote para o próximo salto, ele gera um pacote RERR que é enviado para todas as fontes que usam a ligação quebrada. O pacote RERR apaga todas as rotas que usam o link ao longo do caminho. Se uma fonte recebe um pacote RERR e uma rota para o destino ainda é necessária, ela inicia um novo processo de descoberta de rota. As rotas também são eliminadas da tabela de encaminhamento se não forem utilizadas durante um determinado período de tempo.

Muitos protocolos de encaminhamento multipercurso têm sido propostos na literatura. A maioria desses protocolos é uma extensão do DSR ou do AODV. Na secção seguinte, começamos por descrever as principais vantagens do encaminhamento multipercurso e, em seguida, discutimos algumas das extensões multipercurso propostas para o DSR e o AODV.[135]

1.3.4 Encaminhamento Multipath em MANETs

Os protocolos de encaminhamento padrão em redes ad hoc sem fios, como o AODV e o DSR, destinam-se principalmente a descobrir uma única rota entre um nó de origem e um nó de destino. O encaminhamento multipercurso consiste em encontrar vários percursos entre um nó de origem e um nó de destino. Estes caminhos múltiplos entre pares de nós de origem e destino podem ser utilizados para compensar a natureza dinâmica e imprevisível das redes ad hoc.

Componentes de roteamento de múltiplos caminhos

O encaminhamento multipercurso é constituído por três componentes: descoberta de rotas, manutenção de rotas e atribuição de tráfego. Estes componentes são abordados nas subsecções seguintes.

Descoberta e manutenção de rotas. A descoberta e manutenção de rotas consiste em encontrar várias rotas entre um nó de origem e um nó de destino. Os protocolos de encaminhamento multipercurso podem tentar encontrar rotas disjuntas de nós, disjuntas de ligações ou não disjuntas. As rotas disjuntas de nós, também conhecidas como rotas totalmente disjuntas, não têm nós ou ligações em comum. As rotas disjuntas de ligações não têm ligações em comum, mas podem ter nós em comum. As rotas não disjuntas podem ter nós e ligações em comum.

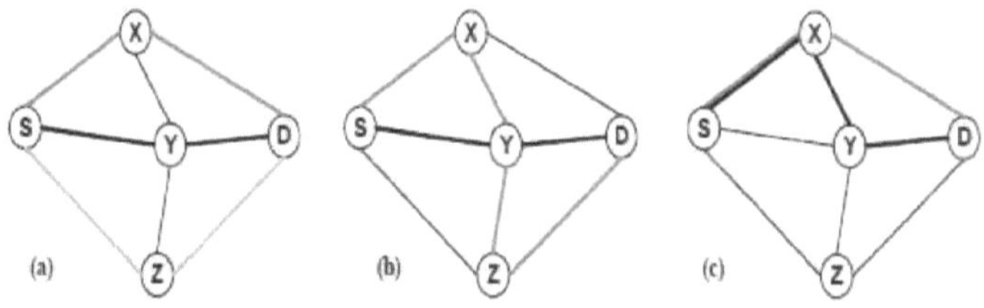

Fig.1.4 *As rotas SXD, SYD e SZD em (a) não têm ligações ou nós em comum e, portanto, são disjuntas. As rotas SXYZD e SYD em (b) têm o nó Y em comum e, por conseguinte, são apenas disjuntas em termos de ligações. As rotas SXD e SXYD em (c) têm o nó X e a ligação SX em comum, pelo que não são disjuntas.*

As rotas disjuntas oferecem certas vantagens em relação às rotas não disjuntas. Por exemplo, as rotas não disjuntas podem ter menos recursos agregados do que as rotas disjuntas, porque as rotas não disjuntas partilham ligações ou nós. Em princípio, as rotas disjuntas de nós oferecem os recursos mais agregados, porque nem as ligações nem os nós são partilhados entre os caminhos. As rotas disjuntas também oferecem maior tolerância a falhas. Quando se utilizam rotas não disjuntas, uma falha numa única ligação ou nó pode provocar a falha de várias rotas. Nas rotas disjuntas de nós ou ligações, uma falha de ligação apenas causará a falha de uma única rota. No entanto, com rotas disjuntas de ligação, uma falha de um nó pode provocar a falha de várias rotas que partilham esse nó. Assim, as rotas disjuntas de nós oferecem o mais alto grau de tolerância a falhas.

1.3.4.1 Split Multipath Routing.

O Split Multipath Routing (SMR) proposto em [94] é um protocolo de encaminhamento multipercurso a pedido. O SMR é semelhante ao DSR, e é usado para construir caminhos maximamente disjuntos. Ao contrário do DSR, os nós intermediários não mantêm uma cache de rotas e, portanto, não respondem aos RREQs. O objetivo é permitir que o destino receba todas as rotas para que possa selecionar os caminhos maximamente disjuntos. Os caminhos maximamente disjuntos têm o menor número possível de ligações ou nós em comum. Os RREQs duplicados não são necessariamente descartados. Em vez disso, os nós intermédios reencaminham RREQs que são recebidos através de uma ligação de entrada diferente e cuja contagem de saltos não é superior à dos RREQs recebidos anteriormente. O algoritmo de seleção de rotas proposto apenas selecciona duas rotas. No entanto, o algoritmo pode ser alargado para selecionar mais de duas rotas. No algoritmo, o destino envia um RREP para o primeiro RREQ que recebe, que representa o caminho de menor atraso. O destino aguarda então para receber mais RREQs. Dos RREQs recebidos, é selecionado o caminho que é maximamente disjunto do caminho de menor atraso. Se existir mais do que um caminho maximamente disjunto, é selecionado o caminho de menor salto. Se existir mais do que um caminho de menor atraso, é selecionado o caminho cujo RREQ foi recebido em primeiro lugar. O destino envia então um RREP para o RREQ selecionado.

AOMDV. O AOMDV [95] é uma extensão do protocolo AODV para o cálculo de múltiplos caminhos livres de laços e de ligações disjuntas. Para manter o registo de rotas múltiplas, as entradas de encaminhamento para cada destino contêm uma lista dos saltos seguintes, juntamente com as correspondentes contagens de saltos. Todos os próximos saltos têm o mesmo número de sequência. Para cada destino, um nó mantém a contagem de saltos anunciada, que é definida como a contagem máxima de saltos para todos os caminhos. Esta é a contagem de saltos utilizada para enviar anúncios de rota do destino. Cada anúncio de rota duplicado recebido por um nó define um caminho alternativo para o destino. Para garantir a ausência de loops, um nó só aceita um caminho alternativo para o destino se este tiver um número de saltos inferior ao número de saltos anunciado para esse destino. Uma vez que é utilizada a contagem máxima de saltos, a contagem de saltos anunciada não se altera para o mesmo número de sequência. Quando é recebido um anúncio de rota para um destino com um número de sequência superior, a lista de saltos seguintes e a contagem de saltos anunciada são reinicializadas.

1.3.5 Questões da camada de ligação

Os nós de uma rede ad hoc comunicam através do meio sem fios. Se for utilizado um canal partilhado, os nós vizinhos têm de disputar o canal. Quando o canal está a ser utilizado por um nó transmissor, os nós vizinhos ouvem a transmissão e ficam impedidos de receber de outras fontes. Além disso, dependendo do protocolo da camada de ligação, os nós vizinhos podem ter de adiar a transmissão até que o canal fique livre. Mesmo quando são utilizados vários canais, a qualidade das transmissões vizinhas pode ser degradada devido a interferências. Diz-se que os nós que se encontram dentro do alcance de transmissão uns dos outros estão no mesmo domínio de colisão.

Consideramos agora a situação em que é utilizado o encaminhamento multipercurso e os múltiplos percursos são utilizados simultaneamente para encaminhar os dados. Mesmo que os múltiplos caminhos sejam nó-disjuntos, as transmissões ao longo das rotas podem interferir se alguns nós entre as rotas estiverem no mesmo domínio de colisão. Embora a disjunção de nós possa garantir a independência de falhas, não garante a independência de transmissão. Ao escolher múltiplos caminhos, é importante escolher caminhos que sejam tão independentes quanto possível para garantir a menor interferência entre os caminhos.

Podem ser utilizadas várias métricas para calcular o grau relativo de independência entre um conjunto de caminhos, nomeadamente a correlação [97] e o acoplamento [98]. O fator de correlação entre dois caminhos disjuntos de nós é definido como o número total de ligações que ligam os caminhos [97]. Note-se que o fator de correlação só se aplica a caminhos disjuntos de nós. O acoplamento entre dois caminhos é calculado como o número médio de nós que estão impedidos de receber dados ao longo de um dos caminhos quando um nó no outro caminho está a transmitir [98]. A vantagem de usar o acoplamento como métrica é que pode ser usado tanto para rotas disjuntas como não disjuntas. As rotas não disjuntas são consideradas altamente acopladas. A escolha de caminhos com baixo acoplamento ou correlação pode melhorar o desempenho do encaminhamento multipercurso.

1.4 QoS em redes móveis Ad Hoc

As MANET são úteis em muitos ambientes de aplicação e não necessitam de qualquer infraestrutura de apoio. A computação colaborativa e as comunicações em áreas mais pequenas (edifícios, organizações, conferências, etc.) podem ser criadas utilizando as MANET. As comunicações em campos de batalha e em zonas de recuperação de desastres são outros exemplos de ambientes de aplicação. Do mesmo modo, as comunicações através de uma rede de sensores ou de flutuadores sobre a água são outras aplicações potenciais das MANET. A utilização crescente de aplicações de colaboração e de dispositivos sem fios pode aumentar ainda mais as necessidades e utilizações das MANET. Com o aumento das necessidades de qualidade de serviço (QoS) nas aplicações em evolução, é também desejável suportar estes serviços nas MANET. As limitações e a variabilidade dos recursos aumentam ainda mais a necessidade de fornecimento de QoS nessas redes. No entanto, as características dessas redes tornam o suporte de QoS um processo muito complexo. O suporte da QoS nas MANET abrange questões da camada de aplicação, da camada de transporte, da camada de rede, da camada de controlo do acesso ao meio (MAC) e da camada física da infraestrutura de rede.

1.4.1 Métricas de qualidade do serviço

A QoS é normalmente definida como um conjunto de requisitos de serviço que devem ser cumpridos pela rede durante o transporte de um fluxo de pacotes de uma fonte para o seu destino. Espera-se que a rede garanta aos utilizadores um conjunto de atributos de serviço mensuráveis e pré-especificados em termos de desempenho de extremo a extremo, como o atraso, a largura de banda, a probabilidade de perda de pacotes e a variação do atraso (jitter). O consumo de energia e a área de cobertura do serviço são dois outros atributos de QoS mais específicos das MANET. As métricas de QoS podem ser côncavas ou aditivas. A largura de banda é côncava no sentido em que a largura de banda de extremo a extremo é o mínimo de todas as ligações ao longo do trajeto. O atraso e o jitter de atraso são aditivos. O atraso (jitter) extremo-a-extremo é a acumulação de todos os atrasos (jitters) das ligações ao longo do trajeto. Além disso, as métricas de QoS podem ser definidas em termos de um dos parâmetros ou de um conjunto de parâmetros em proporções variadas. A QoS multicondicional visa otimizar várias métricas de QoS ao mesmo tempo que aprovisiona os recursos da rede, sendo um problema reconhecidamente complexo.

CAPÍTULO : 2

REVISÃO DA LITERATURA

2.1 Introdução

O espetro de rádio sem fios é um recurso finito. Muitas pessoas podem utilizar o espetro de rádio, mas à medida que mais pessoas utilizam as redes sem fios, as interferências aumentam. Em alguns casos, podemos até encontrar os seus concorrentes a trabalhar ativamente para interferir consigo. É importante adotar uma política desde o início da implantação da nossa rede para trabalhar com a nossa comunidade na resolução de problemas de interferência. Os operadores de rede devem informar-se mutuamente aquando da instalação de um novo sistema sem fios. De facto, se utilizarmos dispositivos sem fios licenciados, é necessário coordenar com outros utilizadores sem fios. Embora a coordenação não seja necessária quando se utilizam dispositivos sem fios isentos de licença, é uma boa prática a seguir.

2.2 Panorâmica da investigação e do desenvolvimento de MANET para fins gerais

O grupo de trabalho MANET da IETF adoptou uma visão centrada no IP das MANET que herdou as camadas da pilha de protocolos TCP/IP. Por conseguinte, ao rever e discutir a investigação sobre as MANET, começamos com uma análise por camadas da pilha de protocolos das MANET: tecnologias facilitadoras, redes, middleware e aplicações. No entanto, nas MANET, mais do que noutras redes, há funções que podem afetar (quase) todas as camadas e exigem interacções entre diferentes camadas para serem eficientes. [128]

Os mais significativos que foram pesquisados são:

1. Gestão de energia (gestão de potência),
2. Segurança, e
3. Qualidade do serviço [1].

2.3 Tecnologias facilitadoras

As tecnologias capacitantes são os elementos de base das MANET que garantem comunicações directas de salto único entre os dispositivos dos utilizadores. Numa arquitetura em camadas, as tecnologias capacitantes que abrangem as duas camadas inferiores da pilha de protocolos são a ligação de dados, incluindo a camada MAC (controlo do acesso aos meios de comunicação), e a camada física. Esta é uma das áreas mais prolíficas da investigação sobre as MANET. No entanto, para construir MANET de prateleira, é importante recorrer a tecnologias normalizadas que tornem viável a produção generalizada de tecnologias de rede interoperáveis de uma forma económica. As seguintes normas de redes sem fios apoiam o paradigma das redes ad hoc: IEEE 802.15.4 (também conhecido por Zigbee) para redes de curto alcance com baixa velocidade de transmissão de dados (< 250 kb/s), Bluetooth (IEEE 802.15.1) para redes pessoais, o conjunto de normas 802.11 para MANET de alta velocidade e médio alcance e o conjunto de normas 802.16 para redes de alta velocidade e grande alcance [3]. Devido à disponibilidade generalizada de

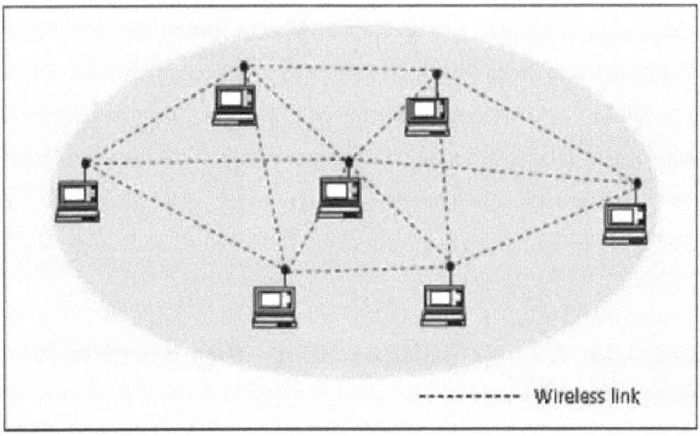

Fig 2.1 ***Uma MANET pura***

Com as placas 802.11, esta tecnologia é a mais utilizada para as MANET de uso geral. No entanto, a sua utilização resultou num obstáculo ao sucesso das MANET. A norma 802.11 não foi escrita para o cenário ad hoc multihop, e as redes 802.11 têm várias limitações quando funcionam em modo ad hoc. Consequentemente, o desempenho pode ser muito fraco (pelo menos em cenários de grande escala) e os utilizadores são desencorajados a utilizá-la. Espera-se que os melhoramentos nas tecnologias da camada física (por exemplo, antenas direccionais, plataformas multi-antenas, utilização de OFDM, melhores esquemas de processamento de sinais, rádio definido por software e tecnologias MIMO) ajudem a reduzir as limitações de desempenho das actuais tecnologias LAN sem fios.

2.4 Protocolos de rede

Os protocolos de ligação em rede utilizam os serviços de transmissão de um salto fornecidos pelas tecnologias de base para construir serviços de entrega de extremo a extremo (fiáveis), de um emissor para um (ou mais) recetor(es) fora do seu raio de transmissão. O encaminhamento e o reencaminhamento são os serviços básicos das redes. O encaminhamento é a função de identificar o caminho entre o emissor e o recetor, e o reencaminhamento é a função subsequente de entregar os pacotes ao longo desse caminho. Estas funções estão fortemente ligadas às características da topologia da rede. Devido à natureza imprevisível e dinâmica da topologia das MANET, os protocolos de encaminhamento desenvolvidos para as redes com fios não são adequados para as redes ad hoc multihop, pelo que o encaminhamento nas MANET constitui um grande desafio. Enquanto a investigação no domínio da tecnologia de habilitação tentou principalmente utilizar as normas sem fios existentes, os esforços dos investigadores que trabalham em redes concentraram-se no estudo, definição e avaliação de novos protocolos de encaminhamento. De facto, a normalização dos protocolos de encaminhamento IP para redes ad hoc multihop é o principal objetivo do grupo de trabalho MANET da IETF. A criação deste grupo de trabalho estimulou uma intensa atividade de investigação neste domínio, que produziu um número impressionante de propostas de protocolos, exemplificado pela longa lista que aparece na Tabela 2.1 (fonte wikipedia). De acordo com o grupo de trabalho MANET, os protocolos de encaminhamento são classificados em duas categorias principais: *protocolos de encaminhamento proactivos* e *protocolos de encaminhamento reactivos (a pedido).* Os protocolos de encaminhamento proactivos derivam dos protocolos de vetor de distância e de estado de ligação herdados da Internet. Tentam manter informações de encaminhamento coerentes e actualizadas para cada par de nós da rede, propagando, proactivamente, actualizações de encaminhamento a intervalos de tempo fixos. Em contrapartida, os protocolos de encaminhamento reactivos estabelecem a rota para um destino apenas quando solicitado. O nó de origem no processo de descoberta de rota geralmente inicia o pedido de rota. Após o estabelecimento de uma rota, esta é mantida até que o destino se torne inacessível ou até que a rota deixe de ser utilizada. [128]

Para além dos protocolos proactivos e reactivos, foram identificadas outras classes de protocolos para melhorar o desempenho da rede, pelo menos em cenários de funcionamento específicos. *Os protocolos híbridos* combinam abordagens proactivas e reactivas, tentando assim reunir as suas vantagens. *Os protocolos de encaminhamento com conhecimento da localização* utilizam a posição do nó (ou seja, coordenadas geográficas) para o encaminhamento de dados. Um nó selecciona o próximo salto para o encaminhamento de pacotes utilizando a posição física dos seus vizinhos e a posição física do nó de destino; os pacotes são enviados para as coordenadas geográficas conhecidas do nó de destino. *Os protocolos de encaminhamento com consciência da energia têm* em consideração a energia disponível nos nós da rede para selecionar o(s) caminho(s) para o encaminhamento dos dados. Isto pode implicar a minimização da energia consumida para encaminhar um pacote da origem para o destino ou a maximização do tempo de vida da rede, preservando tanto quanto possível a conetividade da rede. O *encaminhamento hierárquico* visa reduzir as despesas gerais, estruturando a rede em mais níveis e permitindo comunicações multihop apenas entre alguns nós, representando um grupo de nós num nível inferior[129].

Apesar do grande volume de atividade de investigação, os protocolos de encaminhamento para MANET ainda não estão consolidados. Com efeito, quatro protocolos de encaminhamento estão atualmente em desenvolvimento ativo. Estes incluem dois protocolos de encaminhamento reactivos, o AODV (ad hoc on demand distance vetor) e o DSR (dynamic source routing), e dois protocolos de encaminhamento proactivos, o OLSR (optimized link state routing) e o TBRPF (topology dissemination based on reverse path forwarding). Apesar de o AODV, o OLSR e o TBRPF terem obtido o estatuto de RFC (pedido de comentários), as actividades do grupo de trabalho MANET continuam a desenvolver uma segunda geração de protocolos de encaminhamento para obter protocolos mais eficazes e robustos. Atualmente, está a ser desenvolvida uma versão 2 do OLSR, juntamente com o DYMO (dynamic MANET on-demand), o sucessor do AODV.

Na primeira fase da investigação sobre as MANET, foi dada pouca atenção à implementação destes protocolos e à sua integração em sistemas reais. As implementações públicas disponíveis não são muito estáveis e exigem geralmente um elevado nível de especialização para a sua utilização. Consequentemente, há falta de estudos de desempenho para investigar o comportamento deste protocolo quando utilizado em redes reais. Só recentemente é que a comunidade científica tem vindo a dar mais atenção à experimentação dos protocolos de encaminhamento MANET em redes reais. Isto indica graves problemas de desempenho devido a deficiências de implementação e a um desfasamento entre a conceção baseada na simulação e o comportamento do protocolo num ambiente real [4].

Resumindo, a conclusão que emerge de vários anos de investigação sobre encaminhamento é que a passagem da conceção ao desenvolvimento não é fácil. Até à data, não existe uma compreensão clara da melhor estratégia de encaminhamento, uma vez que não existem resultados de comparação definitivos. A indicação mais válida é que o facto de um algoritmo ou outro ser melhor depende muito do cenário. Este é claramente um grande problema quando o objetivo não é uma aplicação específica. Além disso, isto tem um impacto claro e negativo na aceitação dos utilizadores. Além disso, os algoritmos desenvolvidos exigem trabalho árduo e conhecimentos especializados.

Para além dos protocolos de rede, as MANET assumem geralmente o Protocolo de Controlo de Transmissão (TCP). Infelizmente, o TCP não funciona corretamente neste cenário, como amplamente discutido na literatura (e.g., ver [1]). Para melhorar o desempenho do TCP em MANET, várias propostas têm sido apresentadas (ver [1] e referências). A maioria dessas propostas são versões modificadas do protocolo TCP usado na Internet. No entanto, as soluções baseadas no TCP podem não ser a melhor abordagem quando operam em ambientes MANET. Embora a investigação tenha identificado claramente os principais problemas do TCP em MANET, a identificação de um protocolo de transporte fiável e robusto para MANET continua a ser uma questão de investigação em aberto.

2.5 Middleware e aplicação

O middleware e as aplicações constituem a área menos investigada nas MANET. As MANET de uso geral foram concebidas para suportar aplicações TCP/IP herdadas, sem uma compreensão clara das aplicações para as quais as MANET constituem uma oportunidade e, por conseguinte, representam aplicações de arrasar para esta rede. A falta de atenção a este aspeto constitui provavelmente uma das principais causas do impacto negligenciável que as MANET têm na forma de utilizar as redes móveis e sem fios[128].

Atualmente, nas MANET, as aplicações são executadas diretamente sobre a camada de transporte, explorando os serviços oferecidos pelo TCP e pelo UDP, e cada aplicação deve implementar outros serviços de que necessite. Isto constitui uma grande complexidade/ineficiência nas aplicações, que poderia ser corrigida com o desenvolvimento de plataformas de middleware adaptadas às características únicas das MANET. As propostas de middleware para as MANET só recentemente surgiram, por exemplo, ver [5] e as referências nele contidas. Como as MANET partilham muitos conceitos com o sistema de computação peer-to-peer (p2p), a exploração do paradigma p2p para a conceção de middleware para MANET está a emergir como uma direção muito promissora.

2.6 Problemas de camadas cruzadas

Como ilustrado na Fig. 1.2, várias questões em MANET são ortogonais à pilha de camadas TCP/IP.

Gestão da energia - A energia disponível é provavelmente o recurso mais crítico para qualquer dispositivo móvel (com bateria), e a interface sem fios consome uma percentagem significativa dessa energia, até 50% nos PDAs [6].

Tabela 2.1 ***Uma lista não exaustiva de protocolos de encaminhamento MANET***

ABR	Associatively Base Routing
AODV	Ad Hoc On Demand Vector
BSR	Backup Source Routing
CBRP	Cellular Based Routing Protocol
CEDAR	Core Extraction Distributed Ad Hoc Routing
CSGR	Clusterhead Gateway Switch Routing
DART	Dynamic Addressing Routing
DBF	Distributed Bellman – Ford
DDR	Distributed Dynamic Routing
DNVR	Dynamic Nix – Vector Routing
DREAM	Distance Routing Effect Algorithm for MANET
DSDV	Dynamic Destination Sequenced Dist. Vector
DSR	Dynamic Source Routing

DYMO	Dynamic MANET on – Demand
FSR	Fisheye State Routing
GLS	Geographic Location Service
GPSAL	GPS Ant Like
GPSR	Greedy Perimeter Stateless Routing
GSR	Global State Routing
HARP	Hybrid Ad Hoc Routing Protocol
HSLS	Hazy Sighted Link State
HSR	Hierarchical State Routing
IARP	Intrazone Routing Protocol
IERP	Interzone Routing Protocol
LANMAR	Landmark Routing
LAR	Location Aided Routing
LBR	Link Life Based Routing
LCA	Linked Cluster Architecture
LMR	Lightweight Mobile Routing
LQSR	Link Quality Source Routing
LUNAR	Lightweight Underlay Network Ad Hoc Routing
MMRP	Mobile Mesh Routing Protocol
MOR	Multipoint On Demand Routing
MPRDV	Multipoint Relay Distance Vector
OLSR	Optimized Link State Routing
OORP	Order one Routing Protocol
PLBR	Preferred Link Based Routing
RDMAR	Relative Distance Micro Discovery Ad Hoc Routing
SSR	Signal Stability Routing
STAR	Source Tree Adaptive Routing
TBRPF	Topology Dissemination Based on Reverse Path Forwarding
TORA	Temporarily Ordered Routing Algorithm
WRP	Wireless Routing Protocol
ZHLS	Zone Based Hierarchical Link State
ZRP	Zone Routing Protocol

As estratégias de gestão eficiente da energia foram investigadas em profundidade para as redes sem fios baseadas em infra-estruturas. Estas estratégias, que tentam manter os dispositivos dos utilizadores num estado de baixo consumo de bateria (por exemplo, o modo "doze"), não são adequadas para as MANET. Neste caso, os dispositivos contribuem para garantir a conetividade da rede e, se um dispositivo móvel permanecer em modo de repouso a maior parte do tempo, sem contribuir para o encaminhamento e o encaminhamento, maximiza o tempo de vida da sua bateria, mas põe em risco a rede[128].

Especificamente, o objetivo das políticas de gestão da energia das MANET é maximizar o tempo de vida da rede, ou seja, o intervalo de tempo durante o qual a rede está ligada. Em primeiro lugar, isto pode ser conseguido através do controlo da topologia da rede, utilizando as seguintes estratégias (frequentemente em conjunto):

• ***Controlar o número de nós activos***. A ideia básica é que a conetividade da rede pode ser garantida mesmo quando apenas alguns nós estão activos. O principal desafio é conseguir uma distribuição justa do consumo de energia através da rotação do conjunto de nós activos.

• ***Controlo da potência de transmissão dos nós***. A potência de transmissão determina tanto a quantidade de energia drenada da bateria para cada transmissão como o número de ligações viáveis. Ao aumentar a energia, estão disponíveis ligações mais longas, mas é gasta mais energia da bateria em cada transmissão.

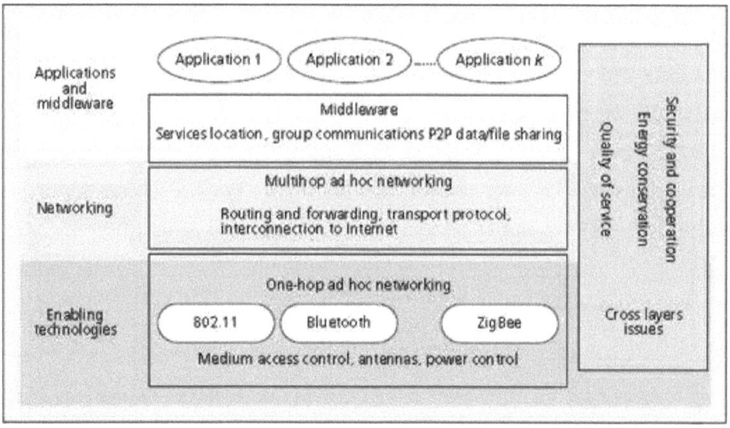

Fig 2.2 ***Arquitetura em camadas das MANET***

De um ponto de vista teórico, o controlo da topologia pode ser traduzido num problema de conetividade de grafos. Este facto deu origem a uma extensa atividade de investigação para criar algoritmos distribuídos eficazes para resolver o problema. Depois de definida a topologia da rede, o passo seguinte na gestão da energia é identificar os caminhos dentro da rede para encaminhar os pacotes de uma forma eficiente em termos energéticos. Eficiência energética significa minimizar a energia gasta para encaminhar um pacote ou maximizar o tempo de vida da rede. Embora a investigação sobre o controlo da topologia e o encaminhamento consciente da energia tenha produzido resultados relevantes do ponto de vista teórico, a contribuição desta área para o êxito das redes ad hoc civis multihop é bastante limitada. Do ponto de vista do utilizador, a eficiência energética só é uma preocupação se uma rede for capaz de suportar aplicações relevantes com uma qualidade de serviço aceitável. Nesta fase, em que as MANET ainda não são uma tecnologia apelativa para os utilizadores, a gestão da energia continua a ser uma questão relevante apenas de um ponto de vista teórico. A resolução dos problemas de gestão da energia terá um impacto prático se e quando as MANET tiverem êxito no mercado. Até à data, durante a fase de arranque da tecnologia (quando os utilizadores avaliam a utilidade da tecnologia), a otimização do consumo de energia tem um impacto reduzido na perceção que os utilizadores têm da tecnologia MANET.

2.6.1 *Segurança e cooperação*

As redes móveis sem fios são, pela sua natureza, mais vulneráveis às ameaças à segurança física e da informação do que as redes fixas com fios. São propensas à *vulnerabilidade dos* canais: os canais de difusão sem fios permitem a escuta e a injeção de mensagens. Os nós não residem em locais fisicamente protegidos e, por isso, podem facilmente ficar sob o controlo de um atacante *(vulnerabilidade do nó)*. A vulnerabilidade dos canais e dos nós, a ausência de infra-estruturas e a topologia em mudança dinâmica tornam a segurança das MANET uma tarefa difícil [7]. A ausência de infra-estruturas torna inaplicáveis as soluções de segurança clássicas baseadas em autoridades de certificação e servidores em linha. Para fazer face a este desafio, os investigadores investigaram extensivamente os ataques de negação de serviço, que são peculiares às MANET, e as respectivas contramedidas. Foi dada especial atenção aos ataques associados ao encaminhamento/encaminhamento, uma vez que, nas MANET, estas funções são implementadas diretamente pelos dispositivos dos utilizadores (e não por entidades de rede fiáveis, por exemplo, os encaminhadores), o que torna possível que um utilizador malicioso envie informações de encaminhamento incorrectas.

Além disso, os mecanismos de segurança que garantem apenas a correção ou a integridade das operações da rede não seriam suficientes nas MANET. Um requisito básico para manter a rede operacional é impor a contribuição dos nós ad hoc para as operações da rede, apesar da tendência conflituosa (motivada pela escassez de energia) de cada nó para o egoísmo. Por conseguinte, os mecanismos de aplicação da cooperação constituem uma parte importante da investigação sobre segurança das MANET. A aplicação da cooperação é uma área de investigação muito ativa no meio académico, que produziu sistemas de incentivo para encorajar os utilizadores a cooperar, bem como sistemas de gestão da confiança que identificam os nós não cooperantes e os punem. No entanto, na prática, a aplicabilidade da maioria dos esquemas propostos é questionável. Além disso, a aplicação da cooperação não parece ser o verdadeiro problema para tornar a tecnologia MANET uma realidade. De facto, não é realista que, a curto prazo, as MANET sejam implantadas em grande escala para aplicações gerais num ambiente completamente descontrolado. Por outro lado, é muito provável que as MANET sejam criadas para aplicações específicas sob uma autoridade única, em que não são necessários incentivos, ou por pequenos grupos de utilizadores pioneiros e tecnologicamente entusiastas que não precisam de incentivos para cooperar[128].

2.6.2 Qualidade do serviço

O fornecimento de garantias de qualidade de serviço (QoS) em MANET é um problema muito complexo e desafiante que gerou muita atividade de investigação em diferentes camadas da pilha de protocolos, tais como, QoS MAC, encaminhamento QoS e sinalização de reserva de recursos [1]. No entanto, devido à sua natureza, as MANET apenas suportam a QoS de uma forma vaga. As ligações sem fios têm uma capacidade (relativamente) baixa e muito variável e apresentam taxas de perda elevadas. As topologias são altamente dinâmicas, com quebras frequentes de ligações. Além disso, as camadas de ligação das MANET funcionam normalmente num espetro não licenciado, o que torna mais difícil fornecer garantias de QoS (ver capítulo 9 em [2]). Na fase atual da tecnologia MANET, a qualidade do serviço é apenas uma questão de investigação, sendo questionável se as MANET de uso geral devem fornecer um serviço com mais garantias do que o serviço de datagrama da Internet[128].

2.7 Limites da investigação sobre MANET para fins puramente gerais

A secção anterior salienta a grande quantidade de actividades de investigação destinadas a enfrentar os desafios das MANET. No entanto, após mais de dez anos de investigação, este tipo de redes ainda não foi implantado no mercado de massas. Pensamos que isso se deve ao facto de a investigação sobre as MANET carecer geralmente de "realismo", tanto do ponto de vista socioeconómico como técnico. Com efeito, tal como referido na secção anterior, foram acrescentadas novas direcções de investigação ao fluxo de investigação sobre as MANET sem uma verdadeira tentativa de consolidar o campo. Muitas áreas de investigação (por exemplo, segurança e cooperação, gestão da energia e protocolos de transporte) abordam problemas teóricos relevantes que só terão um impacto prático se e quando as MANET tiverem uma implantação em grande escala. Por outro lado, para que uma tecnologia como as MANET seja bem sucedida, é claramente necessário criar uma comunidade de utilizadores. Para o efeito, é importante criar protótipos de MANET e implementar o núcleo das funções básicas de comunicação, como o encaminhamento e o encaminhamento, evitando complexidades inúteis. Estes protótipos devem fornecer, de forma simples, um serviço de comunicação eficaz para aplicações como a partilha de ficheiros e o envio de mensagens, através do qual os utilizadores possam experimentar as características desta tecnologia. As redes em fase inicial serão muito provavelmente formadas para aplicações específicas sob uma única autoridade ou por pequenos grupos de utilizadores pioneiros. A adição de mecanismos de poupança de energia e/ou de cooperação a estes protótipos torna a conceção do sistema mais complexa e, por conseguinte, menos eficaz do ponto de vista do desempenho e instável devido à probabilidade de aumento de erros durante a sua implementação[128].

As semelhanças entre as redes ad hoc multihop e os sistemas peer-to-peer podem constituir uma lição útil. Nas redes peer-to-peer, observamos níveis de cooperação extremamente elevados nos primeiros tempos, que se degradam lentamente à medida que se tornam populares e atraem mais utilizadores. Infelizmente, a investigação sobre as MANET não explora esta lição, concentrando-se antes na construção de um sistema complexo de grande escala, quase sem prestar atenção à criação de uma comunidade de utilizadores. [128]

Na secção seguinte, discutimos a falta de realismo na investigação sobre as MANET, tanto do ponto de vista dos utilizadores como do ponto de vista técnico.

2.8 Perspetiva dos utilizadores

Um elemento importante para determinar o êxito de uma tecnologia é a aceitação do utilizador. A aceitação do utilizador é ainda mais importante nas MANET, em que os dispositivos do utilizador são a rede. Infelizmente, na literatura atual não é dada atenção a este aspeto e apenas são apresentados argumentos de alto nível para motivar uma utilização generalizada desta tecnologia pelos utilizadores finais. Em geral, as MANET são justificadas pela possibilidade de construir uma rede onde não existe qualquer infraestrutura, ou de ter uma rede "livre" onde os utilizadores podem comunicar sem custos, desde que a densidade de nós seja suficiente. No entanto, faltam relatórios sobre a perceção das MANET na perspetiva dos utilizadores. Foi feita uma tentativa nesse sentido no âmbito do projeto Mobile MAN. Várias categorias de utilizadores (por exemplo, estudantes, profissionais, empresários e idosos) foram envolvidas na avaliação da sua perceção da tecnologia MANET. Para os utilizadores que não são especialistas em tecnologias da informação e da comunicação (TIC), o estudo foi realizado aplicando a abordagem de conceção participativa. Os utilizadores peritos em TIC forneceram a sua avaliação e feedback depois de testarem um protótipo de MANET de média escala (até 23 nós). Os resultados da avaliação foram bastante negativos para a atual tecnologia MANET. Especificamente, os utilizadores não especialistas em TIC têm grande dificuldade em ver como as redes ad hoc podem ajudar na vida quotidiana. A possibilidade de um serviço de comunicação gratuito não é suficiente para compensar a falta de fiabilidade das comunicações e as dificuldades adicionais na utilização deste tipo de rede. Além disso, os utilizadores declararam a necessidade de utilizar esta tecnologia para melhor compreenderem o seu potencial, mas, nesta fase, não existe uma implantação de redes ad hoc multihop que possa ser utilizada para pôr os utilizadores não especializados em contacto com esta tecnologia[128].

É também de salientar que os utilizadores especializados em TIC (por exemplo, estudantes de doutoramento em ciências informáticas) que tiveram a oportunidade de testar diretamente a tecnologia MANET não conseguiram indicar cenários em que pudessem beneficiar claramente de uma rede ad hoc sem infraestrutura pura. As aplicações mais interessantes da tecnologia ad hoc multihop que indicaram são semelhantes à definição de uma rede em malha. Uma MANET de uso geral em grande escala não parece muito atractiva para o fornecimento de aplicações Internet antigas devido à baixa fiabilidade do serviço, que depende muito da densidade imprevisível dos nós, que pode facilmente produzir partições da rede e a impossibilidade de comunicar[128].

Em resumo, a avaliação dos utilizadores indica os seguintes problemas principais nas MANET puras de uso geral:

- As motivações dos utilizadores para utilizarem as MANET em grande escala não são claras.
- Faltam cenários de aplicação capazes de atrair o interesse dos utilizadores.
- Há falta de implementações eficazes de MANET que possam ser utilizadas por utilizadores não especializados.
- A rede em malha é uma abordagem mais pragmática para construir redes ad hoc multihop.

É de salientar que, sem um plano para atrair a utilização das MANET pelos utilizadores finais, não faz sentido estudar MANET puras em grande escala para apoiar aplicações de uso geral. Sem o envolvimento dos utilizadores finais, a densidade de nós não é adequada para construir uma MANET pura de grande escala. Por conseguinte, é necessário reduzir os obstáculos ao acesso dos utilizadores às redes ad hoc. Este objetivo pode ser alcançado centrando a investigação na conceção e realização de redes ad hoc móveis realistas de pequena/média escala. Investigação realista significa centrar-se em estudos de casos relevantes para os utilizadores. Um cenário constituído por algumas pessoas que querem formar uma rede ad hoc para partilhar ficheiros e/ou aceder à Internet é simples, mas muito mais significativo para os utilizadores finais do que uma rede (simulada) com milhares de nós móveis envolvidos em transferências de dados CBR[128].

2.9 Perspetiva técnica

Como referido na secção anterior, as MANET de grande escala para fins gerais não representam um cenário realista do ponto de vista do utilizador. Além disso, as MANET em grande escala também não são viáveis com a tecnologia atual. No caso da atual tecnologia 802.11, foi identificado um horizonte ad hoc de dois a três saltos e 10 a 20 nós, em que as vantagens das redes ad hoc multihop sem fios praticamente desaparecem. Por conseguinte, a atenção deve centrar-se em tirar o máximo partido das redes ad hoc dentro destes limites [8].

Para além de um cenário mais realista, a investigação deve adotar um maior "realismo" na abordagem da investigação. Especificamente, deve ser dada mais atenção à integração das soluções desenvolvidas numa arquitetura MANET completa e à implementação de software/hardware desta arquitetura para desenvolver protótipos a utilizar na experimentação das soluções desenvolvidas. A maior parte da investigação sobre as MANET centra-se numa única camada/questão (MAC, encaminhamento, TCP, middleware, etc.) ou analisa a interação entre algumas camadas (por exemplo, TCP e MAC, TCP e encaminhamento, ou controlo de energia e topologia), simplificando as outras partes da pilha de protocolos (por exemplo, os níveis acima da camada de rede são agregados num gerador de tráfego CBR). Desta forma, perdem-se interacções importantes entre as camadas de protocolo. A integração das soluções desenvolvidas em protótipos de MANET e a sua utilização para efetuar uma avaliação experimental de novos protocolos e arquitecturas pode evitar esta situação. Infelizmente, embora a investigação sobre MANET esteja a decorrer há algum tempo, existem relativamente poucas experiências com redes ad hoc reais. Entre os resultados mais relevantes, vale a pena referir o banco de ensaio APE da Universidade de Uppsala, o banco de ensaio experimental do Dartmouth College e os resultados do projeto MobileMAN. Os resultados destes bancos de ensaio são muito importantes para eliminar as aproximações tipicamente utilizadas na investigação sobre as MANET[129].

A construção de um banco de ensaio de uma rede ad hoc real para um determinado cenário é normalmente dispendiosa e continua a ser limitada em termos de cenários de trabalho, modelos de mobilidade, etc. Além disso, as medições não são geralmente repetíveis. Por estas razões, a escalabilidade do protocolo, a sensibilidade aos padrões de mobilidade dos utilizadores e as velocidades são difíceis de investigar num banco de ensaio real. Por outro lado, a modelação por simulação é uma ferramenta mais flexível para estudar vários protocolos e cenários de rede e permite (através da execução do modelo de simulação) recolher e analisar dados que caracterizam totalmente o desempenho do protocolo na maioria dos casos. Por esta razão, os estudos de simulação foram amplamente aplicados para comparar e contrastar protocolos MANET. No entanto, embora o uso de técnicas de simulação na avaliação do desempenho de redes de comunicação seja uma área de investigação consolidada, existem várias preocupações de credibilidade sobre a simulação de MANETs [9]. Estas preocupações estão relacionadas com todos os aspectos, desde os modelos de simulação, passando pela solução dos modelos, até à análise dos resultados da simulação ([9], [10]). Como é indicado por alguns relatórios, a falta de rigor na maioria dos estudos de simulação de MANETs em um ou mais dos pontos anteriores reduz drasticamente a credibilidade da investigação sobre MANETs. De seguida, resumimos os problemas mais comuns na simulação de MANET que podem resultar na falta de realismo nos estudos de simulação.

2.10 Motivação

A análise salienta que, de uma perspetiva teórica, esta é uma área muito produtiva; no entanto, o impacto deste paradigma de ligação em rede no mercado é insignificante. Isto deve-se principalmente à falta de realismo na abordagem da investigação, que produziu milhares de artigos científicos mas apenas um número muito limitado de implementações reais, nenhuma das quais envolvendo utilizadores reais. Em primeiro lugar, a falta de realismo pode ser identificada nos pressupostos de base utilizados na investigação: redes de grande escala e de objetivo geral. Dadas as características das MANET, é improvável que as redes ad hoc em grande escala sejam implantadas em aplicações de consumo geral, devido às suas limitações em relação às tecnologias concorrentes. Os seus pontos fortes serão mais bem demonstrados em aplicações gerais de pequena escala (alguns utilizadores que formam uma rede ad hoc para partilhar ficheiros ou para aceder à Internet através de vários pontos de acesso) ou em aplicações específicas de grande escala (por exemplo, redes de campo de batalha ou de recuperação de catástrofes). A falta de realismo pode também ser identificada na abordagem utilizada para a implantação destas redes. Para que uma nova tecnologia passe da teoria à realidade, é necessário um plano de arranque mais conservador. Não é realista esperar uma proliferação súbita de dispositivos e redes com centenas ou milhares de nós (especialmente com aplicações gerais) que não pertencem a uma única autoridade. Nas fases iniciais, é muito mais razoável esperar que as redes ad hoc sejam utilizadas para aplicações específicas por um conjunto limitado de utilizadores que estão muito entusiasmados com a exploração de uma nova tecnologia. O envolvimento dos utilizadores é um ponto crítico para as MANET. Sem o envolvimento de um número suficiente de utilizadores desde o início, é quase impossível atrair mais utilizadores, para que a densidade de nós seja suficiente para garantir a conetividade da rede. Por conseguinte, os bancos de ensaio de redes que podem ser utilizados de forma eficaz pelos utilizadores deveriam ter sido um objetivo, desde o início, da investigação sobre as MANET. Em vez disso, a implementação, a integração e a experimentação estão praticamente ausentes da investigação atual sobre as MANET. A investigação centra-se sobretudo na utilização extensiva de estudos de simulação para validar protocolos e algoritmos para resolver problemas que, na fase atual da tecnologia, têm sobretudo valor teórico. Além disso, a simulação de MANET carece frequentemente de credibilidade, comprometendo assim a utilidade dos resultados obtidos[129].

Em segundo lugar, a robustez e a gestão da rede são frequentemente negligenciadas nas MANET. Apesar do facto de as MANET serem auto-organizadas, estes aspectos são fundamentais para um comportamento justo, seguro e eficaz em implementações reais.

Em suma, embora do ponto de vista da investigação tenham sido alcançados alguns resultados importantes, em termos de implementação no mundo real e de utilização industrial, as MANET puras de utilização geral sofrem de uma exploração escassa e de um interesse reduzido por parte da indústria e dos utilizadores. Os limites desta abordagem à investigação surgem claramente quando comparados com os exemplos bem sucedidos de MANET especializadas, concebidas com um cenário de aplicação claro em mente, bem como com as MANET híbridas. Nestes casos, a abordagem de conceção visa desenvolver soluções para serem utilizadas de forma realista, com elevado valor acrescentado para os utilizadores. Conforme discutido num artigo complementar, para transformar as MANET num bem de consumo, devemos passar para um cenário mais pragmático, como se segue:

- *MANET puramente orientadas para as aplicações:* as MANET são utilizadas em domínios especializados e/ou para implementar redes orientadas para as aplicações, como as redes de campo de batalha, de recuperação de desastres, de comunicações veículo-veículo e de redes domésticas.
- *MANET híbridas de utilização geral* (redes em malha): em que o paradigma das redes móveis ad hoc, através da exploração de alguns elementos da infraestrutura (por exemplo, encaminhadores em malha), é utilizado como paradigma de ligação em rede flexível e económico para fornecer acesso em banda larga à Internet.

Para além disso, deve ser utilizada uma abordagem mais pragmática na análise e validação dos protocolos e algoritmos. Os estudos de simulação devem ser complementados, sempre que possível, por experiências em bancos de ensaio reais. Além disso, a metodologia de simulação deve ser cuidadosamente aplicada, evitando as armadilhas comuns da investigação sobre MANET[129].

Os protocolos de encaminhamento tradicionais baseados nos algoritmos link-state ou distance-vetor têm como objetivo encontrar rotas óptimas para cada anfitrião da rede, e as alterações topológicas da rede só podem ser reflectidas através da propagação de actualizações periódicas. Estes protocolos não são adequados para redes ad hoc. De facto, encontrar e manter rotas para cada anfitrião é demasiado dispendioso e quase sempre desnecessário, uma vez que cada anfitrião só comunica com um subconjunto dos anfitriões da rede.

Além disso, as actualizações periódicas não podem refletir prontamente as frequentes alterações topológicas nas redes ad hoc, o que, por sua vez, causará uma grande quantidade de pacotes não entregues e prejudicará a qualidade da comunicação. Consequentemente, foi criado um grupo de trabalho sobre redes ad hoc móveis (MANET) no âmbito da Internet Engineering Task Force (IETF) para desenvolver um quadro de encaminhamento para protocolos baseados no IP em redes ad hoc. Atualmente, foi proposta uma série de protocolos de encaminhamento para redes ad hoc sem fios, derivados de algoritmos de encaminhamento por vetor de distância ou por estado de ligação. Esses protocolos são classificados como proactivos ou reactivos, consoante mantenham as rotas continuamente actualizadas ou reajam a pedido. Embora cada protocolo tenha as suas próprias vantagens e desvantagens, nenhum deles pode ser considerado absolutamente melhor do que os outros. O encaminhamento em redes ad-hoc móveis sem fios deve ser eficiente em termos de tempo e poupar recursos. Uma abordagem para reduzir o tráfego durante o processo de encaminhamento é dividir a rede em clusters.

2.10.1 Objectivos e subtarefas

Após o estudo da literatura relacionada, identificámos que a largura de banda limitada é um problema geral que surge primeiro devido ao meio de comunicação sem fios. Devido à mobilidade dos nós, a topologia altamente instável é outro problema a resolver. Os nós participantes nas redes ad hoc móveis são móveis e dispõem apenas de um sistema de alimentação baseado em baterias. Assim, uma fonte de energia limitada é outra questão a ter em conta na investigação. Os nós móveis têm uma potência de transmissão limitada e uma dimensão reduzida. A capacidade de memória é limitada. Quando voltamos a estudar o agrupamento de redes ad hoc móveis, o reagrupamento e a reafiliação surgem de novo como uma questão importante para manter a otimização da rede. Numa topologia móvel e instável com uma bateria de reserva limitada, a rede perde frequentemente os pacotes. Assim, manter uma boa taxa de entrega de pacotes é novamente uma questão importante.

No cenário atual, o desenvolvimento chegou até à formação de clusters de MANET. Existem diferentes abordagens definidas para formar um agrupamento com base em várias restrições. A primeira abordagem é o agrupamento baseado no identificador. Existem dois algoritmos: o algoritmo de agrupamento Lowest ID (LIC) e o algoritmo de formação Max-Min d-cluster, em que o agrupamento é efectuado com base na identificação dos nós.

O outro conceito baseia-se no agrupamento baseado na conetividade. Neste domínio, estão em voga quatro algoritmos: Highest connectivity clustering algorithm (HCC), K-hop connectivity ID clustering algorithm (KCONID), Adaptive cluster load balance method e Adaptive multihop clustering. Aqui, a seleção do chefe de agrupamento baseia-se na conetividade com outros nós da rede. Nesta abordagem, a conetividade com o chefe de agrupamento tem a máxima prioridade.

A abordagem seguinte baseia-se no movimento dos nós, ou seja, o agrupamento consciente da mobilidade. Os algoritmos que se inserem nesta categoria são o Mobility-based d-hop clustering algorithm, o Mobility-based Frame Work for Adaptive Clustering e o Mobility Based Metric for Clustering. Aqui, a mobilidade é o parâmetro para eleger o chefe de agrupamento.

O baixo custo de manutenção do agrupamento é o próximo condicionalismo para a formação do agrupamento. Os algoritmos que se enquadram nesta abordagem são o Least cluster change algorithm (LCC), o Adaptive clustering for mobile wireless network, o 3-hop between adjacent clusterheads (3-hBAC) e o Passive clustering. Estes algoritmos tentam manter o menor custo de manutenção dos clusters.

O agrupamento consciente da energia é outra classe de algoritmos para a formação de agrupamentos. Os algoritmos abrangidos por estas restrições são o agrupamento com equilíbrio de carga (LBC), o conjunto dominante ligado com consciência da potência e o agrupamento para conservação de energia. Nesta classe de algoritmos, o sistema tenta manter o nível de energia que pode ser utilizado na transmissão e na computação.

2.11 Declaração do problema

Numa rede baseada em clusters, o sistema elege um chefe de cluster para um cluster que será responsável por esse cluster específico e gerirá a topologia e outras actividades, tal como uma célula num sistema celular ou o mestre de uma piconet.

Durante a formação do cluster e a sua manutenção durante algum tempo, os investigadores deparam-se com os seguintes desafios

1. Reafiliação por unidade de tempo
2. Número médio de clusters
3. Número do conjunto dominante
4. Conectividade

À medida que avançamos para encontrar a solução acima referida, deparamo-nos novamente com dois desafios básicos e importantes para manter uma melhor QoS. Estes desafios são:

5. Atraso de ponta a ponta
6. Rácio de entrega

Nas MANET, para formar um cluster ou implementar outro algoritmo, é necessário trocar informações entre os nós sob a forma de mensagens de controlo. Estas mensagens de controlo aumentam a sobrecarga da largura de banda limitada. Por isso, é novamente um problema decidir o período de tempo durante o qual o algoritmo será executado, o que nos permitirá otimizar o desempenho da rede. A execução frequente de algoritmos garante, sem dúvida, a qualidade da rede, mas ao mesmo tempo temos de ter cuidado com o consumo de largura de banda, que não deve ser demasiado ocupado por mensagens de controlo.

A propriedade básica dos nós MANET é a mobilidade e o alcance de transmissão limitado. Assim, o problema é otimizar os parâmetros 1,2,3,4 em função da mobilidade e do alcance de transmissão e também manter optimizados 5 e 6.

Analisar, implementar e efetuar uma análise comparativa do protocolo de encaminhamento baseado em clusters com os protocolos que não utilizam o agrupamento como mecanismo de encaminhamento, para demonstrar como o encaminhamento baseado em clusters resulta num encaminhamento eficiente em termos de tempo e de poupança de recursos, bem como quais são as limitações do encaminhamento baseado em clusters nas redes ad hoc móveis e como essas limitações podem ser ultrapassadas, sugerindo algumas das melhorias no protocolo existente

As tarefas seguintes devem ser realizadas para atingir o objetivo principal.

- Obter uma compreensão geral das redes ad-hoc.
- Obter uma compreensão geral do ambiente de simulação que pode ser utilizado para analisar, avaliar e implementar protocolos de encaminhamento ad hoc
- Implementar alguns dos protocolos de encaminhamento para redes ad-hoc sem fios.
- Analisar os protocolos teoricamente e através de simulação com base em alguns parâmetros.
- Com base na análise anterior, sugerimos algumas melhorias na conceção dos protocolos para ultrapassar algumas das limitações do protocolo de encaminhamento.
- Encontrar a melhor forma de formar clusters para uma rede.
- Para melhorar a QoS (atraso de extremo a extremo e rácio de entrega)

Nesta tese, foi feita uma tentativa de propor um novo algoritmo de encaminhamento para MANET com parâmetros de QoS melhorados. Para o efeito, foram identificados os seguintes problemas específicos:

i) Foi proposto um algoritmo de agrupamento ponderado modificado para melhorar os diferentes problemas de agrupamento identificados anteriormente. Isto melhora o problema básico da conetividade no ambiente MANET. Uma vez melhorada a conetividade, são melhorados alguns dos parâmetros de QoS, como a reafiliação e o reagrupamento, e, por conseguinte, a conetividade.

ii) Foi proposto um novo algoritmo de encaminhamento QoS de previsão de falhas de ligação. Com esta nova abordagem, foi feita uma tentativa de melhorar os parâmetros básicos de QoS, como o atraso de ponta a ponta e o rácio de entrega de pacotes.

iii) Foi proposto um novo algoritmo de encaminhamento que utiliza a formação de clusters e foi analisado em termos de parâmetros de QoS. Este novo algoritmo foi desenvolvido através da conglomeração dos dois métodos acima referidos.

Todas as propostas acima referidas foram desenvolvidas para obter uma melhoria global dos parâmetros de QoS nas MANET em condições difíceis, tal como referido anteriormente.

CAPÍTULO 3

PROTOCOLO DE ENCAMINHAMENTO QOS MELHORADO DE PREVISÃO DE FALHAS DE NÓS COM NÍVEIS DE POTÊNCIA CLASSIFICADOS

Os nós nas redes ad hoc sem fios ou nas redes de sensores têm capacidades de energia limitadas e são susceptíveis de falhar devido à falta de energia da bateria, o que leva a quebras frequentes de caminho, partições da rede e perdas de pacotes, resultando assim na diminuição do débito da rede. Neste documento, propomos um novo algoritmo de encaminhamento denominado protocolo de encaminhamento QoS de previsão de falhas de nós com nível de energia classificado (NFPQRCL), que melhora os diferentes parâmetros QoS, como o atraso de pacotes de ponta a ponta e a perda de pacotes ao longo do caminho. O algoritmo NFPQRCL prevê o estado futuro de um nó com base no seu nível de potência para decidir se o nó é ou não uma boa seleção como encaminhador. As considerações de potência em cada um dos nós da rede ajudam a utilizar eficientemente e a poupar a energia da bateria. Neste algoritmo, são seleccionados caminhos mais estáveis durante o processo de descoberta de rotas e, por conseguinte, o parâmetro de encaminhamento QoS pode ser satisfeito[130].

3.1 Introdução

As redes ad hoc móveis (MANET) são constituídas por hosts sem fios que comunicam entre si na ausência de infra-estruturas fixas. As redes ad hoc móveis apresentam muitas áreas de aplicação, como as aplicações militares, ambientais, de saúde, domésticas e comerciais. A maioria destas aplicações exige diferentes níveis de qualidade e coloca exigências adicionais à rede. As limitações de recursos e de energia e a variabilidade aumentam ainda mais a necessidade de fornecimento de QoS nas MANET. Os parâmetros importantes de QoS são a largura de banda, o atraso, o jitter e a perda de pacotes. [131]

A falha de um nó na rede conduz a diferentes problemas, como alterações da topologia da rede, partições da rede, eventuais perdas de pacotes e baixa qualidade do sinal. Os nós da rede ad hoc sem fios não têm quaisquer restrições à mobilidade, o que faz com que a topologia da rede mude frequentemente e de forma imprevisível. Um recurso limitado de largura de banda é normalmente partilhado entre nós adjacentes devido ao meio sem fios. Por conseguinte, as sessões de QoS admitidas podem ser afectadas devido a frequentes interrupções de percurso.

A conceção de um protocolo de encaminhamento é um problema crucial nas redes móveis ad hoc, tendo sido desenvolvidos vários algoritmos de encaminhamento. A maior parte dos protocolos de encaminhamento propostos diferem na abordagem utilizada para procurar uma nova rota e/ou modificar uma nova rota, sem qualquer tentativa de fornecer um requisito de qualidade de serviço (QoS). As mensagens de encaminhamento em tais rotas podem não ser adequadas para aplicações que exijam suporte de QoS para rotas com recursos suficientes, a fim de satisfazer os requisitos de QoS do fluxo. O principal objetivo dos protocolos de encaminhamento que têm em conta a QoS é determinar um caminho da origem para o destino que satisfaça as necessidades da QoS desejada. O caminho que respeita a QoS é determinado com base em condicionalismos como o atraso de extremo a extremo, a largura de banda disponível, a probabilidade de perda de pacotes, etc. Quando um nó falha ou tem níveis insuficientes de energia da bateria, as rotas estabelecidas são susceptíveis de falhas na ligação ou de diminuição do débito. Alguns investigadores propuseram a noção de QoS suave. A QoS suave significa que, após o estabelecimento da ligação, podem existir períodos transitórios em que a especificação da QoS não é respeitada.

Na rede ad hoc sem fios, os dispositivos dependem de fontes de bateria finitas. Uma vez consumida a energia da bateria, o dispositivo desliga-se, ou seja, o dispositivo é considerado em situação de falha. Uma previsão da falha do nó ajuda-nos a fornecer um melhor encaminhamento QoS para as redes ad hoc e/ou de sensores.

3.2 Suporte de QoS em MANETS: Questões e Dificuldades

As redes móveis multihop sem fios diferem das infra-estruturas tradicionais de Internet com fios. As diferenças introduzem questões e dificuldades únicas no apoio à QoS em ambientes MANET. Estas questões incluem *características* e *consequências*. Exemplos de características incluem propriedades de ligação imprevisíveis, mobilidade dos nós e duração limitada da bateria, enquanto os problemas de terminais ocultos e expostos, manutenção de rotas e segurança podem ser classificados como consequências. Estas questões são enumeradas da seguinte forma.

3.2.1 Propriedades imprevisíveis das ligações

Os meios de comunicação sem fios são muito imprevisíveis. A colisão de pacotes é intrínseca à rede sem fios. A propagação do sinal enfrenta dificuldades como o desvanecimento do sinal, a interferência e o cancelamento de múltiplos caminhos. Todas estas propriedades tornam imprevisíveis medidas como a largura de banda e o atraso de uma ligação sem fios.

3.2.2 Mobilidade dos nós

A mobilidade dos nós cria uma topologia de rede dinâmica. As ligações são formadas dinamicamente quando dois nós entram no raio de transmissão um do outro e são desfeitas quando saem do raio de transmissão.

3.2.3 Duração limitada da bateria

Os dispositivos móveis dependem geralmente de fontes de bateria finitas. A atribuição de recursos para o fornecimento de QoS deve ter em conta a energia residual da bateria e a taxa de consumo da bateria correspondente à utilização dos recursos. Assim, todas as técnicas de fornecimento de QoS devem ter em conta a energia e ser eficientes em termos energéticos.

3.2.4 Problemas de terminais ocultos e expostos

Numa camada MAC com o protocolo CSMA (carrier sense multiple access) tradicional, a retransmissão de pacotes multihop introduz os problemas do "terminal oculto" e do "terminal exposto". O problema do terminal oculto ocorre quando os sinais de dois nós, digamos A e B, que estão fora do alcance de transmissão um do outro, colidem num recetor comum, digamos o nó C. Com a mesma configuração nodal, um problema de terminal exposto resultará de um cenário em que o nó B tenta transmitir dados (para alguém que não seja A ou C) enquanto o nó C está a transmitir para o nó A. Nesse caso, o nó B está exposto ao alcance de transmissão do nó C e, por isso, adia a sua transmissão, embora não interfira com a receção no nó A.

3.2.5 Manutenção do trajeto

A natureza dinâmica da topologia da rede e a alteração do comportamento do meio de comunicação tornam muito difícil a manutenção exacta das informações sobre o estado da rede. Assim, os algoritmos de encaminhamento nas MANET têm de funcionar com informações inerentemente imprecisas. Além disso, em ambientes de rede ad hoc, os nós podem entrar ou sair a qualquer momento. Os caminhos de encaminhamento estabelecidos podem ser interrompidos mesmo durante o processo de transferência de dados. Assim, surge a necessidade de manter e reconstruir os caminhos de encaminhamento com o mínimo de sobrecarga e atraso.

O encaminhamento sensível à QoS exigiria a reserva de recursos nos encaminhadores (nós intermédios). No entanto, com as alterações na topologia, os nós intermédios também mudam e são criados novos caminhos. Assim, a manutenção da reserva com actualizações no caminho de encaminhamento torna-se complicada.

3.2.6 Segurança

A segurança pode ser considerada um atributo da QoS. Sem uma segurança adequada, o acesso e a utilização não autorizados podem violar as negociações de QoS. A natureza das transmissões nas redes sem fios resulta potencialmente numa maior exposição à segurança. O meio físico de comunicação é inerentemente inseguro, pelo que é necessário conceber algoritmos de encaminhamento sensíveis à segurança para as MANET.

3.3 Princípios de compromisso

A natureza dinâmica das MANET é atribuída a várias características inerentes, como o comportamento variável das ligações, os movimentos dos nós, a alteração da topologia da rede e as exigências variáveis das aplicações. É muito difícil fornecer QoS num ambiente tão dinâmico.

3.4 QoS numa perspetiva de camadas

Nesta secção, examinamos os problemas de fornecimento de QoS nas MANET numa perspetiva por camadas, começando pela camada física e indo até à camada de aplicação[82].

3.4.1 Suporte de QoS em canais físicos

O canal sem fios numa MANET varia no tempo, o que significa que a relação sinal/ruído nos canais flutua em função do tempo. Assim, é necessária uma modulação adaptativa que possa ajustar muitos parâmetros possíveis de acordo com o estado atual do canal (por exemplo, a relação sinal/ruído instantânea) para obter um melhor desempenho dos canais sem fios. Assim, um dos principais desafios para suportar a comunicação QoS através de meios sem fios é a estimativa do canal, que envolve uma estimativa precisa do canal no recetor e, em seguida, um feedback fiável da estimativa para o transmissor, de modo a que o transmissor e o recetor possam ser devidamente sincronizados. A sincronização perfeita, embora altamente desejável, é quase impossível de alcançar em MANETs. O canal com desvanecimento variável no tempo também faz com que os esquemas de codificação concebidos para um modelo de canal fixo não sejam adequados para utilização em MANET. A codificação de canais sem fios tem de resolver os problemas introduzidos pelo canal ou pelo desvanecimento multipercurso e pela mobilidade.

As comunicações através de canais sem fios estão sujeitas a ruído e colisão. A procura crescente de transmissão de imagens e de áudio/vídeo em tempo real nas redes sem fios só vem complicar ainda mais este problema. Percebeu-se que o apoio à QoS nas comunicações sem fios deve assentar não só na melhoria das técnicas de canal, mas também numa forte integração com as camadas superiores, como os algoritmos de compressão da fonte na camada de aplicação. A utilização de taxas de codificação de fonte mais elevadas (menor compressão de dados) pode diminuir a distorção final de extremo a extremo. Do mesmo modo, a utilização de uma maior proteção do canal (palavras de código mais longas) pode reduzir os possíveis erros de canal, o que implica uma menor distorção de extremo a extremo. Uma vez que a capacidade do canal sem fios é limitada, temos de considerar uma solução de compromisso entre estas duas taxas. A codificação conjunta fonte-canal tem em consideração tanto as características da fonte como a situação atual do canal.

3.4.2 Provisionamento de QoS na camada MAC

Recentemente, muitos esquemas MAC foram propostos para redes sem fio, com o objetivo de fornecer garantia de QoS para suporte de tráfego em tempo real. No entanto, estes protocolos MAC dependem, em geral, de um controlo centralizado, que só é viável para redes sem fios de um só salto. Nas redes sem fios multihop, é necessário um esquema totalmente distribuído que resolva primeiro os problemas dos terminais ocultos e expostos. O Multihop access collision avoidance (MACA) [85] foi proposto para resolver esses problemas através dos diálogos request-to-send/clear-to-send (RTS/CTS), mas não elimina completamente o problema do terminal oculto. O MACAW [86] foi proposto como uma extensão do MACA para permitir uma recuperação mais rápida das colisões de terminais ocultos. A especificação da norma IEEE 802.11 inclui a caraterística de prevenção de colisões do MACA e do MACAW através da sua função de controlo distribuído (DCF). O seu método de acesso fundamental é o acesso múltiplo com deteção de portadora e prevenção de colisões (CSMA/CA), que resolve completamente o problema dos terminais ocultos. No entanto, não oferece suporte ao tráfego em tempo real.

3.4.3 Encaminhamento sensível à QoS na camada de rede

Foram propostos vários protocolos de encaminhamento para as MANET, que podem ser classificados em três grandes categorias:

- Esquemas de encaminhamento proactivos baseados em tabelas
- Esquemas de encaminhamento reactivos baseados na fonte e a pedido
- Esquemas de encaminhamento baseados em restrições

Os esquemas de encaminhamento proactivos baseados em tabelas requerem que cada um dos nós da rede mantenha tabelas para armazenar as informações de encaminhamento, que são utilizadas para determinar o próximo salto para a transmissão do pacote para chegar ao destino. O protocolo tenta manter a informação da tabela consistente através da transmissão de actualizações periódicas por toda a rede. Estes esquemas de encaminhamento podem ser de natureza plana ou hierárquica. Exemplos de esquemas de encaminhamento planos baseados em tabelas incluem o encaminhamento por vetor de distância sequenciado no destino (DSDV) e o protocolo de encaminhamento sem fios (WRP) [89]. Os esquemas de encaminhamento planos exigem a manutenção do estado de toda a rede em todos os nós, o que limita a sua escalabilidade. Na abordagem hierárquica, o estado de apenas um subconjunto da rede é mantido em todos os nós, e o encaminhamento é facilitado através de outro nível de informação de estado, que é armazenado num menor número de nós [89].

No caso dos esquemas de encaminhamento baseados na fonte a pedido, as rotas são criadas como e quando necessário com base numa abordagem de consulta-resposta. Quando um nó precisa de comunicar com outro nó, inicia um processo de descoberta de rota. Uma vez encontrada uma rota, esta é mantida por um procedimento de manutenção de rotas até deixar de ser necessária. Exemplos de esquemas de encaminhamento baseados na fonte a pedido incluem o protocolo de encaminhamento ad hoc on- demand distance vetor (AODV), o encaminhamento dinâmico da fonte (DSR) e o algoritmo de encaminhamento temporário ordenado (TORA) [89]. Estes algoritmos centram-se na procura do caminho mais curto entre os nós de origem e de destino, tendo em conta o estado dos nós e a configuração da rede quando se pretende obter uma rota.

Os protocolos de encaminhamento baseados em restrições utilizam outras métricas para além do caminho mais curto para encontrar uma rota adequada e viável. O ABR (Associativity-based routing) e o SSR (signal stability routing) [89] têm em conta a força do sinal do nó e a estabilidade da localização, de modo a que o caminho escolhido tenha maior probabilidade de ser duradouro. O encaminhamento dinâmico consciente da carga (DLAR) [90] considera a carga dos nós intermédios como a principal métrica de seleção de rotas.

3.4.4 Questões da camada de transporte para o aprovisionamento de QoS

A camada de transporte também desempenha um papel importante no fornecimento de comunicações de QoS, envolvendo principalmente os protocolos UDP e TCP. Algumas aplicações em tempo real, como os fluxos de áudio/vídeo interactivos, podem ser preferencialmente construídas com base no UDP, que pressupõe apenas uma funcionalidade mínima da rede e oferece muita flexibilidade, enquanto outras aplicações podem optar por utilizar o TCP, que incorpora uma entrega fiável de pacotes de extremo a extremo e garante a entrega de pacotes por ordem às aplicações. Na Internet, o TCP parte do princípio de que a maioria das perdas de pacotes se deve ao congestionamento da rede. Este pressuposto não é verdadeiro no contexto das redes sem fios, em que as perdas de pacotes se devem principalmente ao ruído do canal sem fios e às alterações de rota. Sempre que um emissor TCP detecta uma perda de pacotes, ativa os seus algoritmos de controlo e prevenção do congestionamento, o que faz com que o TCP tenha um fraco desempenho em termos de débito de extremo a extremo nas MANET.

A melhoria do desempenho do TCP em redes móveis sem fios tem sido abordada através de uma série de técnicas, tais como retransmissões locais, ligações TCP divididas e correção de erros de encaminhamento. Estes esquemas tentam esconder as perdas sem congestionamento do remetente TCP ou fazer com que o remetente TCP saiba da existência de saltos sem fios, de modo a que o remetente possa evitar invocar algoritmos de controlo de congestionamento quando ocorrem perdas sem congestionamento. No entanto, a maioria destes protocolos foi concebida para redes sem fios de infraestrutura (por exemplo, redes celulares) e tenta tirar partido das capacidades das estações de base para lidar com as perdas de pacotes causadas pela elevada taxa de erro de bits dos canais sem fios provocada pela transferência e mobilidade. Estes protocolos não são adequados para utilização em ambientes sem infra-estruturas, como as MANET. Mais recentemente, foram realizados alguns trabalhos para melhorar o desempenho do TCP sobre ligações sem fios em MANET [94-96], que dependem de mecanismos de feedback explícitos para distinguir as perdas por erro das perdas por congestionamento, de modo a que possam ser tomadas medidas adequadas quando ocorrem perdas de pacotes.

A incorporação de técnicas adequadas de gestão do desempenho e dos recursos nos protocolos da camada de transporte contribui para o fornecimento de QoS de extremo a extremo nas MANET.

3.4.5 Questões da camada de aplicação

Como já foi referido, as estratégias adaptativas desempenham um papel muito importante no apoio à QoS nas MANET. A adaptação da QoS ao nível da aplicação pertence a estas estratégias adaptativas, incluindo questões como uma interface de utilizador flexível e simples, intervalos dinâmicos de QoS, algoritmos de compressão adaptativos, codificação conjunta do canal de origem e esquemas de codificação conjunta fonte-rede. Uma interface de utilizador flexível pode ajudar a conseguir uma utilização fácil dos serviços sensíveis à QoS. Tendo em conta os ambientes de rede heterogéneos e as exigências dos utilizadores nas MANET, é desejável que a interface permita aos utilizadores especificar os seus requisitos de QoS e mapear eficazmente os parâmetros perceptivos do utilizador em parâmetros de QoS do sistema. Tendo em conta as suas vantagens em acomodar a imprecisão e a ambiguidade, acreditamos que a teoria dos conjuntos difusos terá aplicação na concretização do objetivo de serviços de QoS flexíveis e adaptáveis em MANET. Tal como proposto em [84], pode ser utilizada uma gama dinâmica de QoS em vez de um ponto fixo de parâmetros de QoS para a reserva de recursos, a fim de abordar a natureza dinâmica das MANET. Esta estratégia de QoS dinâmica tem implicações na camada de aplicação. Em primeiro lugar, a aplicação deve ter alguma noção da gama de QoS dentro da qual pode funcionar. Estas gamas de QoS podem ser programadas ou configuradas pelo utilizador de acordo com a sua utilização prevista na aplicação. Em segundo lugar, em tempo de execução, a aplicação deve ser capaz de adaptar o seu comportamento com base no feedback das camadas inferiores.

Foram propostas várias abordagens que utilizam técnicas da camada de aplicação para o fluxo adaptativo de áudio/vídeo em tempo real através da Internet. Estas técnicas incluem métodos baseados em características de algoritmos de compressão, codificação em camadas, modelação da taxa, controlo adaptativo de erros e suavização da largura de banda. A maioria destas técnicas foi investigada no contexto da Internet. Tendo em conta as características únicas das MANET, é concebível que estas técnicas tenham de ser objeto de algumas modificações e melhoramentos para poderem ser utilizadas nas MANET. Outras técnicas estão também a ser investigadas (por exemplo, codificação conjunta fonte-canal e codificação conjunta fonte-rede). Estas abordagens de codificação conjunta tentam ter em conta tanto as características da fonte como os estados actuais do canal/rede para obter um melhor desempenho global na transmissão de imagens e de áudio/vídeo em tempo real através de MANET.

3.5 Trabalhos relacionados

Previsão da qualidade de serviço (QoS) em caso de falha de um nó A NFPQR discutiu a necessidade de prever o futuro dos nós para proporcionar uma melhor qualidade de serviço (QoS). A heurística de previsão é utilizada para selecionar um nó como próximo nó retransmissor ou não durante o processo de descoberta de rotas. O encaminhamento QoS é assegurado especialmente em termos de atraso de extremo a extremo e perda de pacotes. O atraso de extremo a extremo é conseguido através do caminho mais estável selecionado durante a descoberta da rota. O NFPQR não só selecciona caminhos estáveis como também distribui a partilha de carga e aumenta o tempo de vida da rede. Os resultados da simulação mostram a eficiência do NFPQR. O algoritmo funciona bem com níveis de potência mais baixos dos nós da rede, o que é extremamente importante para as redes ad hoc. Este algoritmo discutiu a necessidade de prever o estado futuro dos nós para proporcionar um melhor encaminhamento QoS.

No encaminhamento de redes ad hoc móveis (MANET), ocorrem frequentemente quebras de ligação no caminho devido à mobilidade ilimitada dos nós e a falhas dos nós que violam os requisitos de qualidade de serviço (QoS). Neste capítulo, discutimos um novo algoritmo de encaminhamento denominado protocolo de encaminhamento QoS de previsão de falhas de nós com níveis de potência classificados (NFPQRCL). O NFPQRCL prevê o estado futuro de um nó para decidir se o nó é ou não uma boa escolha como router. A heurística de previsão futura depende da mobilidade e do nível de potência de um nó. No NFPQRCL, a perda de pacotes e o atraso de pacotes de ponta a ponta são reduzidos. O algoritmo selecciona caminhos mais estáveis e, por conseguinte, os requisitos de QoS podem ser satisfeitos. O algoritmo proposto tem um desempenho superior não só quando os nós estão em condições de grande mobilidade, mas também em caso de falhas frequentes dos nós. Efectuámos a simulação utilizando o software ns-2.28 e os resultados da simulação mostram a eficiência do algoritmo[130].

Os investigadores propuseram vários algoritmos de encaminhamento para redes ad hoc móveis [64, 55,57, 59, 60, 61, 66, 68, 54, 50]. Uma análise exaustiva dos protocolos de encaminhamento ad hoc é apresentada em [1, 4, 6]. A maioria dos protocolos de encaminhamento propostos concentra-se no estabelecimento de novas rotas, na procura de novas rotas e/ou na modificação das rotas sem qualquer tentativa de fornecer requisitos de QoS. As mensagens de encaminhamento em tais rotas podem não ser adequadas para aplicações que exigem suporte de QoS para rotas com recursos suficientes, a fim de satisfazer os requisitos de QoS do fluxo. O principal objetivo dos protocolos de encaminhamento sensíveis à QoS é determinar um caminho de uma fonte para o destino que satisfaça as necessidades da QoS desejada. Os protocolos de encaminhamento de QoS devem trabalhar em conjunto com a gestão de recursos para estabelecer caminhos através da rede que satisfaçam os requisitos de QoS de extremo a extremo. Antes de estabelecer qualquer ligação ou reservar quaisquer recursos, deve ser descoberto um caminho viável entre um par origem-destino. O caminho que respeita a QoS é determinado tendo em conta as restrições, como a mobilidade de um nó, a fraca carga da bateria, a largura de banda disponível e os meios partilhados, etc. Quando um nó falha ou a mobilidade aumenta, as rotas estabelecidas são susceptíveis de falhas de ligação e de diminuição do débito. Por conseguinte, nas condições acima referidas, é muito difícil garantir limites de débito ou de atraso.

É discutido um novo algoritmo de encaminhamento denominado protocolo de encaminhamento QoS de previsão de falhas de ligação (NFPQRCL), que se concentra no estabelecimento de um caminho com conhecimento da QoS entre a origem e o destino. Devido à mobilidade ilimitada dos nós ou a falhas de nós, ocorrem frequentemente quebras de ligação na rede que afectam os requisitos de qualidade do serviço. O NFPQRCL prevê as quebras de ligação durante o processo de descoberta de rotas e estabelece caminhos estáveis. O NFPQRCL pode assegurar melhorias nos parâmetros de QoS, como o baixo atraso e a baixa perda de pacotes, em caso de alterações frequentes da topologia da rede[130].

A qualidade do serviço é um conjunto de requisitos de serviço fornecidos a determinado tráfego pela rede para satisfazer o utilizador desse tráfego. Tem sido estudada e investigada por diferentes investigadores e foram publicadas várias propostas sobre o modo como a QoS pode ser suportada nas MANET[130].

No entanto, o apoio ao encaminhamento de QoS em MANETs continua a ser um problema em aberto. Nesta secção, discutimos os trabalhos relacionados e comparamo-los com o nosso trabalho. A natureza dinâmica da rede ad hoc móvel não só torna o encaminhamento fundamentalmente diferente do das redes fixas, como também o seu suporte de QoS. Não é fácil aplicar os algoritmos tradicionais de encaminhamento de QoS às redes ad hoc móveis, que apresentam outros desafios, como a mobilidade, os problemas de energia, a largura de banda e a escalabilidade.

Nas estruturas de QoS das redes com fios, foram propostos vários modelos de serviço. Dois desses modelos são o modelo IntServ de serviço integrado [49] e o modelo DiffServ de serviço diferenciado [73]. O modelo IntServ fornece serviços por fluxo. O volume de informações mantidas em um roteador habilitado para IntServ é proporcional ao número de fluxos. No entanto, a informação por fluxo é difícil de manter com precisão num nó de uma rede ad hoc sem fios. O modelo Diffserv foi proposto para resolver o problema de escalabilidade enfrentado pelo modelo IntServ. Os dois modelos anteriores não podem ser aplicados às MANET devido às suas características únicas, como a topologia de rede em constante variação, a disponibilidade limitada de recursos e o canal de rádio partilhado propenso a erros. O modelo de QoS flexível para redes móveis ad hoc (FQMM) [74] é o primeiro modelo de QoS concebido especialmente para MANET. Este modelo tira partido da granularidade por fluxo do IntServ e da agregação de serviços em classes do DiffServ. No entanto, os inconvenientes relacionados com o IntServ e o DiffServ continuam a ser inconvenientes no FQMM. A sinalização em banda INSIGNIA [62] foi desenvolvida para fornecer serviços adaptáveis, entre a origem e o destino, em redes ad hoc. Não depende de nenhum protocolo específico da camada de ligação. A informação de controlo é transportada juntamente com os pacotes de dados e cada pacote de dados contém um campo QoS opcional para transportar a informação de controlo. Este quadro de trabalho pressupõe que o protocolo de encaminhamento forneça novas rotas em caso de alterações da topologia, o que representa mais uma sobrecarga e também não é adequado para aplicações em tempo real com requisitos rigorosos de QoS. O protocolo CEDAR (core-extracted distributed routing) [70] foi proposto como um protocolo de encaminhamento QOS. O CEDAR estabelece dinamicamente um núcleo da rede e, em seguida, propaga de forma incremental o estado da ligação de elevada largura de banda estável para os nós do núcleo para identificar e evitar a utilização de partes congestionadas da rede. O CEDAR não calcula as rotas óptimas devido à abordagem minimalista da gestão do estado. O encaminhamento QoS baseado em bilhetes [52] é um protocolo de encaminhamento QoS distribuído para redes ad hoc sem fios. Pode tolerar informações de estado imprecisas durante o cálculo da rota QoS e apresenta um bom desempenho mesmo quando o grau de imprecisão é elevado. O nó de origem emite um determinado número de bilhetes e envia-os em pacotes de sondagem para encontrar um caminho viável em termos de QoS. O protocolo parte do princípio de que cada nó possui informações sobre o estado global, mas a manutenção dessas informações implica uma enorme sobrecarga de controlo nas redes ad hoc já com limitações de largura de banda. O algoritmo pode não conseguir encontrar um caminho viável em casos extremos em que a topologia muda muito rapidamente. Alguns dos protocolos de encaminhamento das MANET alargaram o trabalho de adoção da qualidade de serviço ao AODV [67], DSR [58], TORA [58] e OLSR [56] ao nível do encaminhamento. Muitos protocolos de encaminhamento de QoS foram propostos na literatura, como o protocolo de encaminhamento de QoS baseado em localização preditiva (PLBQR) [69], o protocolo de encaminhamento de QoS distribuído baseado em gatilho (TDR) [72], o AODV de QoS [67] e o protocolo de encaminhamento de largura de banda (BR) [63]. No protocolo de encaminhamento QoS preditivo baseado na localização, os caminhos são calculados com base na posição futura do nó. A informação sobre o estado da rede é mantida em duas tabelas: a tabela de atualização e a tabela de encaminhamento. Para cada nó, é construída uma tabela de atualização com base nas listas de proximidade. A tabela de encaminhamento de cada nó contém informações sobre todas as ligações activas. A manutenção destas tabelas constitui uma sobrecarga do PLBQR. O mecanismo de previsão da localização pode não ser exato para o tráfego em tempo real. No AODV QoS, foram efectuadas várias modificações na estrutura da tabela de encaminhamento para suportar o encaminhamento QoS no AODV. Mas o AODV QoS não lida com o problema do equilíbrio de carga no que respeita a falhas de nós. A maior parte do atraso ocorre na camada MAC de um nó devido à qualidade da ligação e a problemas de energia.

A maioria dos protocolos de encaminhamento QoS propostos anteriormente não tem um bom desempenho em condições de elevada mobilidade. Assim, o encaminhamento QoS necessita de uma previsão relativamente exacta das condições futuras da rede, que não está incluída nos trabalhos anteriores. O algoritmo de encaminhamento QoS baseado na previsão da localização, PLBQR, sofre de sobrecarga. O LFPQR satisfaz o atraso extremo-a-extremo e um certo grau de perda de pacotes, prevendo a posição futura e o nível de potência de um nó.

A qualidade do serviço é um conjunto de requisitos de serviço fornecidos a determinado tráfego pela rede para satisfazer o utilizador desse tráfego. Tem sido estudada e investigada por diferentes investigadores e foram publicadas várias propostas sobre a forma como a QoS pode ser suportada nas MANET. No entanto, o suporte de encaminhamento de QoS em MANET continua a ser um problema em aberto. A natureza dinâmica das redes ad hoc móveis não só torna o encaminhamento fundamentalmente diferente do das redes fixas, mas também o seu suporte de QoS.

O algoritmo NFPQR proposto como protocolo de encaminhamento QoS trata da previsão da falha de um nó através da estimativa do nível de potência futuro de um nó, mas não tem em conta o nível de potência específico de cada um dos nós e não prevê a reativação dos nós. Este documento aborda um novo algoritmo denominado Node Failure prediction QoS routing protocol with classified power levels (NFPQRCL) que prevê o estado futuro de um nó com considerações especiais para os níveis de potência. Isto pode garantir a seleção de caminhos mais estáveis durante a descoberta de rotas e, em última análise, aumentar o tempo de vida da rede[130].

3.6 Algoritmo proposto (NFPQRCL)

O NFPQRCL calcula a condição futura de um nó para o tornar no próximo nó retransmissor na descoberta do caminho. A estimativa da condição futura de um nó depende do nível de energia do nó num determinado momento. Este método selecciona um caminho de modo a que os nós com energia esgotada não se encontrem nesse caminho. Além disso, aumenta o tempo de vida da rede. Esta aproximação pode não ser aplicável a todos os casos. A falha do nó pode ocorrer por outras razões, como influências ambientais, acontecimentos acidentais inesperados, etc., que não são aqui considerados.

3.6.1 Níveis de potência

Nas MANET, os dispositivos móveis estão geralmente dependentes de fontes de bateria finitas. Quando a energia da bateria é totalmente consumida, o dispositivo móvel desliga-se, ou seja, o dispositivo é considerado em situação de falha. Se a interface de rádio do dispositivo móvel não estiver a funcionar, todas as comunicações a partir deste dispositivo serão interrompidas. A previsão da falha de um nó ajuda-nos a fornecer um melhor encaminhamento de QoS para redes ad hoc ou de sensores. Suponha-se que um nó, com elevada probabilidade de falhar num futuro próximo devido à falta de energia suficiente na bateria, é selecionado como encaminhador para encaminhar os pacotes e que ocorrem os seguintes problemas. Após alguns segundos, o nó falha e a sua ligação com os vizinhos é interrompida. Por isso, não pode encaminhar os pacotes e muitos deles perdem-se, tendo de ser gerados novamente e retransmitidos. Outra penalização devida ao nó

A falha de um nó de destino é que o processo de descoberta de rota deve ser executado mais uma vez para estabelecer um novo caminho, o que pode demorar mais alguns segundos. Durante todo este processo, os pacotes serão colocados em fila de espera nos nós a jusante até que seja estabelecido um novo caminho. Durante certos níveis de potência mais baixos, a intensidade do sinal é reduzida e o atraso aumenta na camada MAC. Por vezes, as partições da rede também ocorrem devido a falhas dos nós, pelo que o pacote pode nunca chegar ao destino se os nós de origem e de destino não estiverem na mesma partição. Assim, a falha de um nó na rede provoca a violação da QoS, o que aumenta o atraso de extremo a extremo, a perda de pacotes e diminui o débito da rede.

Para resolver os problemas devidos à falha de um nó e para suportar a QoS, existe um novo método que prevê se um nó irá ou não falhar num futuro próximo. Antes de o nó a montante ser selecionado como router para encaminhar os pacotes, o nó a jusante prevê se o nó a montante irá falhar num futuro próximo ou não. A heurística que usamos aqui é baseada nos níveis de energia da bateria. A energia é consumida durante a comunicação e o processamento ou computação. A potência de comunicação é muito maior do que a potência de computação. Na potência de comunicação, a potência de transmissão, a potência necessária para transmitir um pacote, é muito mais elevada do que outras, como a potência de receção, a potência de inatividade, etc. Se a potência de transmissão for Ct e a energia de overhead for Co, então a potência total necessária para transmitir todo o buffer é

$$(BfCt / Ps) + C0$$

Aqui Bf é a capacidade do buffer e Ps é o tamanho do pacote. O limiar de potência baseia-se no tamanho do pacote, na capacidade da memória intermédia e na taxa de transferência de pacotes do nó. O limiar de potência é semelhante ao limiar da memória intermédia discutido anteriormente. Se t1 é o tempo atual, então o consumo máximo de energia, num determinado nó, após o tempo t2, é

$$P12 = (t2 - t1)\ (trCt + Co),$$

Onde tr é a taxa máxima de transferência de pacotes de um nó. Se Tp for a energia total da bateria fornecida ao nó inicialmente, os nossos resultados experimentais mostram que o valor limite de cerca de 0,1 Tp é desejável. Por outras palavras, o nó a jusante verifica se o nó a montante tem um nível de energia de, pelo menos, dez por cento da energia total da bateria. Se o nó tiver um nível de energia superior ao limiar, é selecionado como encaminhador. Caso contrário, o nó a jusante não seleccionará este nó como encaminhador e o processo repete-se com outros nós vizinhos. Este método selecciona um caminho de modo a que os nós com energia esgotada não se encontrem nesse caminho. Este método também aumenta o tempo de vida da rede. Esta aproximação pode não ser aplicável a todos os casos. A falha de um nó pode ocorrer por outras razões, como inferência ambiental, acontecimentos acidentais inesperados, etc., que não são aqui considerados.

3.6.2 Nível do limiar

O limiar de potência baseia-se no tamanho do pacote, na capacidade da memória intermédia e na taxa de transferência de pacotes do nó. Os nós móveis que participam nas redes ad hoc móveis podem ser classificados em três categorias.

1. **Nó de origem**: O nó de origem é o nó que gera o pacote e inicia a comunicação. Os nós de origem precisam de processar os dados para formar pacotes e transmiti-los através do canal de comunicação.

2. **Nó de destino**: Os nós de destino são os nós que finalmente aceitam os dados e não os reencaminham novamente. Estes nós são o destino final dos pacotes transmitidos pelo nó de origem. A responsabilidade do nó de destino é receber os pacotes e processá-los.

3. **Nós intermediários**: Os nós intermédios são os nós que recebem os pacotes provenientes do lado da fonte e, depois de processarem os dados, encaminham-nos para o lado do destino. Os nós de destino encontram-se na rota da fonte para o destino.

Assim, o nível de limiar de cada classe de nós é definido como:

Energia necessária nos nós de origem:

$P(fonte)=Tr+cal_S$

Em que Tr = potência de transmissão

cal_S = potência de processamento no nó de origem

Potência necessária nos nós de destino:

$P(dest)=Rr+cal_D$

Em que Rr=potência de receção

cal_D = potência de processamento no nó de destino

Potência necessária nos nós intermédios :

$P(intm)=Tr+Rr+cal_{in}$

Em que Cal_{in} = potência de processamento no nó intermédio

Pode deduzir-se que $cal_{in} > cal_{O}$ ou cal_{D}

Agora definimos novos níveis de limiar para cada classe de nós em vez de um limiar comum. Definimos 10% da energia da bateria como nível de limiar para os nós intermédios e 7% da energia da bateria como limiar para os nós de origem e de destino.

Se Tp for a potência total da bateria fornecida ao nó inicialmente, é desejável um valor limite de 0,1*Tp para os nós intermédios e de 0,07*Tp para os nós de origem e de destino.

3.6.3 Algoritmo NFPQRCL

Quando o nó j recebe uma mensagem de pedido de rota (RREQ no AODV) do nó i, então o nó i prevê a condição futura do nó j considerando o nível de potência do nó j. Se o seu nível de potência for superior ao limiar, então o nó i reencaminhará este RREQ para j; caso contrário, o nó i não seleccionará este nó como encaminhador e o processo repete-se com outros nós vizinhos.

O número de nós cuja potência é inferior ao limiar é considerado como inativo ou como nós de descarga. Se A for o número médio de nós de despejo e B denotar o número de nós que foram reactivados por recarga ou substituição ou reabastecimento (através de energia solar, etc.) da bateria. Então B deve ser sempre maior que A.

O algoritmo também determina o número percentual de nós reactivados com base na probabilidade de recarregar o nó.

No algoritmo NFPQRCL, são encontrados caminhos mais estáveis durante a descoberta da rota. Aqui, caminho estável significa que os pacotes que atravessam esses caminhos não sofrerão grandes atrasos e melhoram a taxa de entrega.

3.7 Simulação

3.7.1 Modelação de simulação

A modelação de simulações de MANET apresenta desafios típicos destas redes: a caraterização da mobilidade dos nós (i.e., modelos de mobilidade) e a caraterização das características radioeléctricas do canal utilizado pelos nós da rede para comunicar.

Normalmente, os estudos de simulação pressupõem um número de utilizadores que se deslocam dentro de uma área fechada (retangular) com um comportamento aleatório [11]. É evidente que a mobilidade aleatória não é típica do comportamento real dos utilizadores, o que pode afetar as conclusões dos estudos de simulação. Recentemente, este aspeto passou a ser mais bem compreendido, e observa-se um número crescente de tentativas de derivar modelos de mobilidade a partir de traços que representam o comportamento de utilizadores reais. No entanto, os modelos de mobilidade baseados no comportamento aleatório são mais fáceis de utilizar e, por isso, a maior parte dos estudos de simulação de MANET baseiam-se nestes modelos. O modelo Random Waypoint (RW), que é implementado na ferramenta de simulação NS-2, é amplamente adotado e exemplifica bem os problemas e as questões que se colocam na utilização destes modelos abstractos de mobilidade. Para além das preocupações sobre a capacidade do modelo RW para representar o comportamento dos utilizadores reais, uma definição inadequada dos parâmetros do modelo influenciaria as propriedades estatísticas dos padrões de mobilidade dos utilizadores, gerando um comportamento que diverge do comportamento estacionário esperado do modelo (ver [12] e [13]). Uma definição correcta dos parâmetros do modelo garante que a distribuição de probabilidades que governa o movimento dos nós converge, após um intervalo de tempo transitório, para uma distribuição em "estado estacionário". Uma experiência de simulação que tente analisar o comportamento estacionário do sistema deve eliminar o impacto do intervalo transiente, descartando as estatísticas recolhidas durante a fase transiente. Infelizmente, vários estudos de simulação de MANET aparentemente negligenciam a eliminação do impacto da fase transitória. Além disso, vale a pena notar que a duração do transiente não é fácil de prever e, numa experiência de simulação de comprimento finito, o intervalo transiente pode ocupar uma grande parte (se não a totalidade) das experiências de simulação, tornando o estudo de simulação muito ineficiente. Para resolver este problema, em [14] os autores derivam a distribuição estacionária do modelo de mobilidade de pontos de passagem aleatórios e utilizam-na para simulações mais eficientes e fiáveis para redes ad hoc móveis. Este resultado foi generalizado em [15] para a classe de modelos de mobilidade de viagens aleatórias, que inclui o Random Waypoint como um caso especial.

A caraterização do canal sem fios é outro ponto crítico na modelação da simulação de MANET. Os rádios reais são muito mais complexos do que os modelos simples utilizados pela maioria das simulações de MANET, e estas complexidades têm um grande impacto no comportamento dos protocolos e algoritmos de MANET. Como demonstrado em [16] e [17], os pressupostos tipicamente utilizados na simulação para modelar ligações sem fios 802.11, tais como ligações simétricas, independência da altura do solo e ligações de rádio constantes e "nítidas", estão muito longe da realidade. Além disso, na realidade, o desempenho do protocolo pode mudar significativamente de cenários exteriores para interiores devido às diferentes características da ligação rádio.

3.7.2 Solução do modelo de simulação

A maioria dos estudos de simulação de MANET baseia-se em ferramentas de simulação. A principal vantagem destas ferramentas é o facto de fornecerem bibliotecas com modelos pré-definidos para a maioria dos protocolos de comunicação (por exemplo, 802.11, Ethernet, TCP, etc.). Os simuladores de rede mais utilizados nas redes ad hoc são o OPNET, o NS-2, o Glomosim e a sua versão comercial, o QualNet. Todos eles fornecem ambientes de simulação avançados para testar e depurar diferentes protocolos de rede, incluindo módulos de deteção de colisões, propagação de rádio e protocolos MAC. No entanto, alguns resultados recentes questionam a validade das simulações baseadas nestas ferramentas. Por exemplo, [18] apresenta os resultados de simulação do algoritmo de inundação usando OPNET, NS-2 e Glomosim. Foram medidas divergências importantes entre os resultados dos simuladores. As diferenças observadas não são apenas quantitativas (não têm o mesmo valor absoluto), mas também qualitativas (não têm o mesmo comportamento geral). Essas diferenças podem ser explicadas (pelo menos parcialmente) levando em consideração os diferentes modelos de camada física sem fio adotados por essas ferramentas de simulação [19].

Avaliámos o algoritmo NFPQRCL proposto através de experiências de simulação em comparação com o protocolo NFPQR. O simulador de rede (versão ns- 3) é utilizado para simular o algoritmo proposto. As constantes e os parâmetros da simulação são apresentados na tabela. O desempenho do NFPQRCL é comparado com o do NFPQR utilizando os resultados do simulador. Para avaliar o desempenho do NFPQRCL, foram consideradas as métricas do atraso extremo a extremo e da taxa de entrega de pacotes. Como se mostra na figura, o algoritmo proposto tem um rácio de entrega de pacotes superior ao do NFPQR porque o NFPQRCL encontra caminhos estáveis que não contêm ligações fracas entre os nós e cada nó é capaz de fornecer potência de sinal suficiente para a comunicação durante a transmissão de dados.

3.7.3 Parâmetros de simulação

Espaço de campo	800*800
Número de nós	50
Velocidade máxima do nó	1-8m/s
Mobilidade dos nós	Ponto de passagem aleatório
Tempo de simulação	250
Rácio de entrega de pacotes CBR	50/s a 500/s
Tipo de camada MAC	IEEE 802.11
Gama de transmissão	200m
Tamanho do pacote CBR	256 bytes
Potência inicial	100

Tabela 3.2: Parâmetros de simulação

3.8 RESULTADO

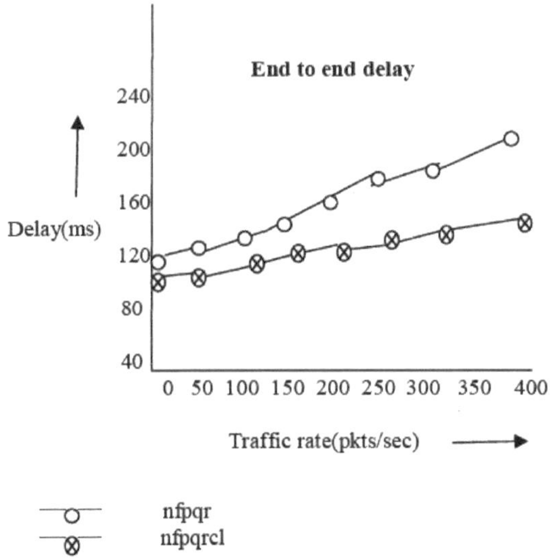

Fig. 3.1: Atraso Vs Carga de Tráfego

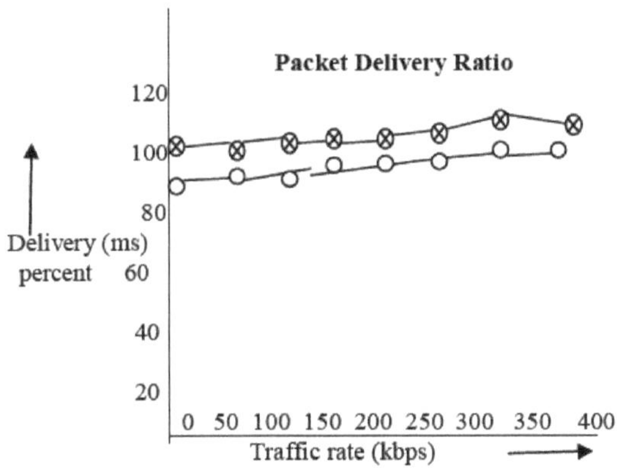

Fig. 3.2 Percentagem de entrega versus taxa de tráfego

3.8.1 Análise do resultado da simulação

A análise dos resultados produzidos por uma experiência de simulação é fundamental para obter valores de desempenho estatisticamente significativos. Um simulador produz um conjunto de números altamente correlacionados que dependem das características dos geradores de números pseudo-aleatórios (por exemplo, utilizados para determinar os padrões de mobilidade dos utilizadores ou para caraterizar o tráfego gerado pelas aplicações). A obtenção, a partir deste conjunto de números, de estimativas estatisticamente significativas das quantidades em observação, é um problema estatístico bem conhecido. Foram definidas várias abordagens para resolver este problema. Por exemplo, a técnica de replicação independente utiliza as amostras de uma quantidade de interesse recolhidas em várias experiências de simulação independentes e identicamente distribuídas para obter estimativas pontuais independentes, a partir das quais, aplicando técnicas estatísticas padrão, se pode obter o intervalo de confiança para a medida de interesse. Os intervalos de confiança têm em conta a aleatoriedade intrínseca de uma experiência de simulação e fornecem o intervalo em torno da estimativa pontual em que se espera que a quantidade em observação se encontre (com um determinado nível de confiança). A utilização de técnicas adequadas para analisar o resultado da simulação é uma necessidade para cada estudo de simulação. Infelizmente, na investigação sobre MANET, este aspeto é muitas vezes negligenciado e os resultados de um estudo de simulação são apenas os traços das quantidades de interesse produzidas por uma única execução de simulação, causando assim uma falta de credibilidade para os estudos de simulação de MANET. Este e outros problemas comuns nos estudos de simulação de MANET são documentados e analisados em [10].

Os resultados da simulação mostram a eficiência do algoritmo proposto. O encaminhamento QoS é assegurado, nomeadamente em termos de atraso de extremo a extremo e de perda de pacotes. O atraso de extremo a extremo é conseguido através de caminhos mais estáveis seleccionados durante a descoberta de rotas. O algoritmo proposto tem um rácio de entrega de pacotes superior ao do NFPQR porque o NFPQRCL encontra caminhos estáveis que não contêm ligações fracas entre os nós.

3.9 Conclusão

Neste capítulo, discutimos a necessidade de prever o estado futuro dos nós para proporcionar um melhor encaminhamento de QoS. Esta heurística de previsão é utilizada para selecionar um nó como o próximo nó retransmissor durante o processo de descoberta de rotas. O encaminhamento com QoS é assegurado particularmente em termos de atraso de extremo a extremo e perda de pacotes. O atraso de extremo a extremo é conseguido através dos caminhos mais estáveis seleccionados durante a descoberta de rotas. O NFPQRCL não só selecciona caminhos estáveis como também distribui a partilha de carga e aumenta o tempo de vida da rede.

CAPÍTULO : 4

UM ALGORITMO DE AGRUPAMENTO PONDERADO PARA REDES AD HOC MÓVEIS

4.1 Introdução

As actuais redes celulares sem fios dependem exclusivamente da espinha dorsal com fios através da qual todas as estações de base estão ligadas, o que implica que as redes são fixas e estão limitadas a uma área geográfica com um limite pré-definido. A implantação de tais redes é morosa e não pode ser efectuada em situações de emergência extrema. Por conseguinte, as redes de rádio móveis multi-hop, também designadas por redes *ad hoc* ou *peer-to-peer*, desempenham um papel fundamental em locais onde não existe uma espinha dorsal (central) com fios nem é económica a sua construção, como em operações de aplicação da lei, comunicações no campo de batalha, situações de recuperação de catástrofes, etc. Estas situações exigem uma rede em que todos os nós, incluindo as estações de base, são potencialmente móveis e a comunicação entre dois nós deve ser efectuada sem qualquer ligação[132].

A arquitetura de rede de rádio por pacotes multi-cluster e multi-hop para sistemas sem fios deve ser capaz de se adaptar dinamicamente às configurações de rede em mudança. Certos nós, conhecidos como *clusterheads,* são responsáveis pela formação de *clusters*, cada um constituído por um número de nós (análogo às *células* numa rede celular) e pela manutenção da topologia da rede. O conjunto de clusterheads é conhecido como *conjunto dominante.* Um clusterhead efectua a atribuição de recursos a todos os nós pertencentes ao seu cluster. Devido à natureza dinâmica dos nós móveis, a sua associação e dissociação de e para clusters perturba a *estabilidade* da rede, pelo que a reconfiguração dos clusterheads é inevitável. Trata-se de uma questão importante, uma vez que as mudanças frequentes de cabeças de agrupamento afectam negativamente o desempenho de outros protocolos, como o agendamento, o encaminhamento e a atribuição de recursos, que dependem desses protocolos. A escolha óptima de cabeças de agrupamento é um problema NP difícil [64]. Assim, as soluções existentes para este problema baseiam-se em abordagens heurísticas (maioritariamente gulosas) e nenhuma tenta manter a estabilidade da topologia da rede [64,69]. Acreditamos que um bom esquema de agrupamento deve preservar a sua estrutura tanto quanto possível quando os nós se estão a mover e/ou a topologia está a mudar lentamente. Caso contrário, a recomputação dos clusterheads e a troca frequente de informações entre os nós participantes resultarão num elevado custo de computação.

O conceito de dividir a região geográfica a cobrir em pequenas zonas tem sido apresentado implicitamente como *agrupamento* na literatura [73]. Uma forma natural de mapear uma arquitetura celular "normal" para uma rede de rádio por pacotes multi-hop é através do conceito de rede celular virtual [69]. Qualquer nó pode tornar-se um clusterhead se tiver a funcionalidade necessária, como poder de processamento e transmissão. Os nós registam-se no clusterhead mais próximo e tornam-se membros desse cluster. Os clusters podem mudar dinamicamente, reflectindo a mobilidade da rede subjacente. A literatura existente neste domínio tem-se centrado principalmente na divisão da rede em clusters [64,65,71,77,78], sem ter em conta o funcionamento eficiente de todos os componentes do sistema. A falta de metodologias rigorosas aplicáveis à conceção e análise de redes móveis peer-to-peer tem motivado uma investigação aprofundada nesta área. Têm sido encontradas soluções para formas eficientes de interligar os nós de modo a minimizar a latência do sistema e maximizar o débito [71]. A maioria das abordagens [64,79,71] para encontrar os clusterheads não produz uma solução óptima no que diz respeito à utilização da bateria, ao equilíbrio de carga e à funcionalidade MAC.

Nesta secção, discutimos um algoritmo de agrupamento distribuído baseado no peso que tem em consideração o número de nós que uma cabeça de agrupamento pode tratar idealmente (sem qualquer degradação grave do desempenho), a potência de transmissão, a mobilidade e a potência da bateria dos nós. Ao contrário de outros esquemas existentes que são invocados periodicamente, resultando numa elevada sobrecarga de comunicação, este algoritmo é invocado *de forma adaptativa* com base na mobilidade dos nós. Mais precisamente, o procedimento de eleição do chefe de agrupamento é adiado o mais possível para reduzir o custo de computação. O equilíbrio das cargas entre os clusterheads é outra caraterística desejável de qualquer algoritmo de agrupamento, mas é muito difícil manter um sistema completamente equilibrado devido à natureza dinâmica dos nós. Este algoritmo consegue *equilibrar a carga* especificando um limiar pré-definido para o número de nós que um clusterhead pode tratar de forma ideal. Isto garante que nenhum dos clusterheads fique sobrecarregado em qualquer momento. Este algoritmo define *o fator de equilíbrio da* carga (LBF) para medir o grau de equilíbrio da carga entre os clusterheads. A ligação dos nós é outra questão importante, uma vez que os nós precisam de comunicar uns com os outros. Para considerar qualquer tipo de encaminhamento entre os clusters, é essencial que os clusters estejam ligados e que os nós possam encaminhar mensagens através dos clusterheads. *A conetividade é* definida como a probabilidade de um nó ser acessível a partir de qualquer outro nó. No nosso esquema, os clusterheads funcionam em modo de alimentação dupla. Os clusterheads podem funcionar num modo de potência mais elevada (resultando num maior alcance de transmissão) para a comunicação inter-cluster, enquanto utilizam uma potência mais baixa para a comunicação intra-cluster.

4.2 Trabalho anterior

Foram propostas várias heurísticas para a seleção de cabeças de agrupamento em redes ad hoc. Estas heurísticas incluem (i) a heurística do grau mais elevado, (ii) a heurística do menor ID e (iii) a heurística do peso do nó. O Lowest-ID e o Highest-Degree são os dois algoritmos de agrupamento baseados na *arquitetura link-cluster* [62,63,70]. No modelo gráfico assumido da rede, os terminais móveis são representados como nós; existe uma aresta entre dois nós se estes puderem comunicar diretamente entre si (ou seja, um nó está dentro do alcance de transmissão de outro). O desempenho das três heurísticas acima referidas foi estudado em [63,71] através de experiências de simulação em que os nós móveis foram colocados aleatoriamente numa grelha quadrada e deslocados a diferentes velocidades em diferentes direcções.

4.2.1 Heurística do grau mais elevado

O Highest-Degree, também conhecido como *clustering baseado na conetividade,* foi originalmente proposto por Gerla e Parekh [71,80], no qual o grau de um nó é calculado com base na sua distância dos outros. Cada nó transmite a sua identificação aos nós que estão dentro do seu alcance de transmissão. Considera-se que um nó x é vizinho de outro nó y se x estiver dentro do alcance de transmissão de y. O nó com o número máximo de vizinhos (ou seja, grau máximo) é escolhido como chefe de agrupamento e qualquer empate é desfeito pelos ids únicos dos nós. Os vizinhos de um clusterhead tornam-se membros desse cluster e já não podem participar no processo de eleição. Uma vez que nenhum clusterhead está diretamente ligado, só é permitido um clusterhead por cluster. Quaisquer dois nós de um cluster estão no máximo a dois saltos de distância, uma vez que o clusterhead está diretamente ligado a cada um dos seus vizinhos no cluster. Basicamente, cada nó ou se torna um clusterhead ou permanece um nó normal (vizinho de um clusterhead).

As experiências demonstram que o sistema tem uma baixa taxa de mudança de cabeça de cluster, mas a taxa de transferência é baixa sob a heurística de grau mais elevado. Tipicamente, a cada cluster são atribuídos alguns recursos que são partilhados entre os membros desse cluster numa base roundrobin [71,77,78]. medida que o número de nós num cluster aumenta, a taxa de transferência diminui e, por conseguinte, observa-se uma degradação gradual do desempenho do sistema. A contagem de reafiliação dos nós é elevada devido aos movimentos dos nós e, consequentemente, o nó de grau mais elevado (o atual chefe de grupo) pode não ser reeleito para chefe de grupo, mesmo que perca um vizinho. Todos estes inconvenientes ocorrem porque esta abordagem não tem qualquer restrição quanto ao limite superior do número de nós num agrupamento.

4.2.2 Heurística de menor ID

O Lowest-ID, também conhecido como *clustering baseado em identificadores,* foi originalmente proposto por Baker e Ephremides [62,62,70]. Esta heurística atribui um id único a cada nó e escolhe o nó com o id mínimo como clusterhead. Assim, os ids dos vizinhos do clusterhead serão mais elevados do que o do clusterhead. No entanto, o clusterhead pode delegar a sua responsabilidade ao nó seguinte com o id mínimo no seu cluster. Um nó é chamado de *gateway* se estiver dentro do alcance de transmissão de dois ou mais clusterheads. Os nós de gateway são geralmente utilizados para o encaminhamento entre clusters. Apenas os nós de gateway podem escutar os diferentes nós dos clusters sobrepostos em que se encontram.

O conceito de gateway distribuído (DG) também é utilizado para a comunicação inter-cluster apenas quando os clusters não se sobrepõem. O DG é um par de nós que se encontram em clusters diferentes, mas que estão dentro do alcance de transmissão um do outro. A principal vantagem da porta de ligação distribuída é a manutenção da conetividade em situações em que qualquer algoritmo de agrupamento não consegue fornecer conetividade.

Para esta heurística, o desempenho do sistema é melhor do que o da heurística de grau mais elevado em termos de débito. Uma vez que o ambiente em consideração é móvel, é improvável que os graus dos nós permaneçam estáveis, o que resulta em actualizações frequentes das cabeças de agrupamento. No entanto, a desvantagem desta heurística é a sua tendência para os nós com IDs mais pequenos, o que pode levar ao esgotamento da bateria de certos nós. Poder-se-ia pensar que este problema pode ser resolvido renumerando os ids dos nós de tempos a tempos, o que, no entanto, não é trivial. Há outros problemas associados a essa renumeração. Por exemplo, seria necessário determinar a frequência óptima da renumeração para maximizar o desempenho do sistema. Mais importante ainda, cada vez que os IDs dos nós são alterados, a lista de vizinhos de todos os nós também precisa de ser alterada. Se considerarmos que os nós são numerados por ordem crescente da energia restante da bateria, é necessário um algoritmo centralizado. Podemos evitar isto trocando ids entre nós e certificando-nos de que a unicidade dos ids é mantida. Mesmo assim, o agrupamento tem de ser refeito, o que acrescentaria uma complexidade computacional desnecessária ao sistema. Por exemplo, suponha-se que dois nós trocam mutuamente os seus ids de modo a manter os ids de acordo com a energia restante da sua bateria. Após a troca, todos os nós que estavam ligados a estes dois nós, independentemente do seu estatuto (clusterhead ou nó normal), têm de ser notificados da alteração para poderem atualizar a sua lista de vizinhos. Este efeito pode propagar-se e aumentar a sobrecarga do sistema. Além disso, não tenta equilibrar a carga uniformemente em todos os nós.

4.2.3 Heurística do peso do nó

Basagni et al. [65,66] propuseram dois algoritmos, nomeadamente o *algoritmo de agrupamento distribuído (DCA)* e o *algoritmo de agrupamento adaptativo de mobilidade distribuída (DMAC)*. Nesta abordagem, são atribuídos pesos (um número real) a cada nó com base na sua aptidão para ser cabeça de agrupamento. Um nó é escolhido para ser chefe de agrupamento se o seu peso for superior ao peso de qualquer um dos seus vizinhos; caso contrário, junta-se a um chefe de agrupamento vizinho. Em caso de empate, é escolhido o nó de menor id. O DCA parte do princípio de que a topologia da rede não se altera durante a execução do algoritmo. Assim, provou ser útil para redes "quase estáticas", quando os nós não se movem ou se movem muito lentamente. Os outros pressupostos são: (i) as mensagens são garantidamente entregues a todos os vizinhos dos nós num período de tempo finito, e (ii) cada nó conhece os IDs e os pesos correspondentes de todos os nós que estão a apenas um salto de distância. O algoritmo DMAC, por outro lado, adapta-se às mudanças na topologia da rede e, portanto, pode ser usado em qualquer rede móvel.

Para verificar o desempenho do sistema, foram atribuídos aos nós pesos que variavam linearmente com as suas velocidades, mas com uma inclinação negativa. Os resultados provaram que o número de actualizações necessárias é inferior ao das heurísticas Highest-Degree e Lowest-ID. Uma vez que os pesos dos nós foram variados em cada ciclo de simulação, o cálculo dos clusterheads torna-se muito dispendioso e não há optimizações nos parâmetros do sistema, como o débito e o controlo da potência.

4.2.4 Limitações das heurísticas existentes

Nenhuma das três heurísticas acima referidas conduz a uma eleição óptima dos chefes de agrupamento, uma vez que cada uma delas trata apenas de um subconjunto de parâmetros que podem eventualmente impor restrições ao sistema. Cada uma destas heurísticas é adequada para uma aplicação específica e não para redes móveis sem fios arbitrárias.

Para ser mais exato, a heurística do grau mais elevado afirma que o nó com o maior número de vizinhos deve ser eleito como cabeça de agrupamento. No entanto, um chefe de agrupamento pode não ser capaz de lidar com um grande número de nós devido a limitações de recursos, mesmo que esses nós sejam seus vizinhos directos e se encontrem dentro do seu alcance de transmissão. Por exemplo, *o Bluetooth* [72] utiliza um modelo mestre-escravo em que o chefe de agrupamento é o mestre e pode gerir até sete escravos [81]. Assim, a capacidade de manuseamento de carga do chefe de agrupamento coloca um limite superior no grau do nó. Por outras palavras, o simples facto de cobrir a área com o número mínimo de clusterheads sobrecarregará os clusterheads. Por outro lado, um grande número de clusterheads conduzirá a um sistema computacionalmente dispendioso. Embora isto possa resultar num bom rendimento, os pacotes de dados têm de passar por vários saltos, o que implica uma latência elevada. Do mesmo modo, a heurística Lowest-ID preocupa-se apenas com os ids mais baixos dos nós, aos quais são atribuídos números arbitrariamente, sem ter em conta as qualificações de um nó que possa ser eleito como clusterhead. Uma vez que os ids dos nós não mudam com o tempo, os nós com ids mais pequenos têm mais probabilidades de se tornarem clusterheads do que os nós com ids maiores. Assim, certos nós são propensos à drenagem de energia devido ao facto de servirem como clusterheads durante períodos de tempo mais longos.

A heurística Node-Weight atribui pesos aos nós com base na adequação dos nós que actuam como clusterheads e a eleição do clusterhead é feita com base no maior peso entre os seus vizinhos. Isto significa que um nó decide tornar-se um clusterhead ou permanecer como um nó normal, dependendo dos pesos dos seus vizinhos de um salto. Basicamente, o nó tem de esperar por todas as respostas dos seus vizinhos para tomar a sua própria decisão de ser um clusterhead ou um nó normal. Esta heurística não tem em conta o tempo que um nó pode ter de esperar para receber respostas dos seus vizinhos.

4.3 Algoritmo proposto

Nesta secção, apresentamos o nosso algoritmo de agrupamento ponderado. Damos a filosofia de conceção e a base do nosso algoritmo antes de discutirmos os pormenores.

4.3.1 Preliminares

A rede formada pelos nós e pelas ligações pode ser representada por um grafo não direcionado *G = (V ,E),* em que *V* representa o conjunto de nós *vi* e *E* representa o conjunto de ligações *ei* . Note-se que a cardinalidade de *V* permanece a mesma, mas a cardinalidade de *E* muda sempre com a criação e eliminação de ligações. O agrupamento pode ser considerado como um problema de partição de grafos com algumas restrições adicionais. Uma vez que o grafo subjacente não apresenta qualquer estrutura regular, o seu particionamento ótimo (ou seja, com um número mínimo de partições) em função de certos parâmetros torna-se um problema NP-difícil [67]. Mais formalmente, procuramos o conjunto de vértices *S V (G),* tal que

$$\bigcup_{v \in S} N[v] = V(G).$$

Aqui, *N* [*v*] é a *vizinhança* do nó *v,* definida como

$$N[v] = \bigcup_{v' \in V,\, v' \neq v} \{v' \mid \mathrm{dist}(v, v') < tx_{range}\},$$

onde txrange é o alcance de transmissão de *v*. A vizinhança de um chefe de grupo é o conjunto de nós que se encontram dentro do seu alcance de transmissão. O conjunto *S* é designado por *conjunto dominante* quando todos os vértices de *G* pertencem a *S* ou têm um vizinho em *S*.

O conjunto dominante do grafo é o conjunto de clusterheads. Pode ser possível que um nó esteja fisicamente mais próximo de um clusterhead mas pertença a outro clusterhead. Por exemplo, um nó pode estar fisicamente mais próximo de um clusterhead que esteja sobrecarregado. Nesse caso, ligar-se-á a um clusterhead que está longe. Devido à mobilidade, os nós podem sair do alcance de transmissão do seu clusterhead, alterando assim a sua vizinhança. No entanto, isso não resulta numa alteração do conjunto dominante. Pode acontecer que o nó destacado não seja capaz de se ligar a nenhum dos nós do conjunto dominante. Isto implica que o conjunto dominante existente já não pode cobrir todo o grafo, pelo que o algoritmo de agrupamento tem de ser invocado para encontrar um novo conjunto dominante.

4.3.2 Filosofia de conceção

A escolha de um número ótimo de cabeças de agrupamento que produza um rendimento elevado, mas com uma latência tão baixa quanto possível, continua a ser um problema importante. À medida que a procura de melhores heurísticas para este problema continua, propomos um novo algoritmo que se baseia na utilização de uma métrica *de peso combinada*, que tem em conta vários parâmetros do sistema, como o grau de nó ideal, a potência de transmissão, a mobilidade e a potência da bateria dos nós. Dependendo das aplicações específicas, qualquer um ou todos estes parâmetros podem ser utilizados na métrica para eleger os chefes de agrupamento. Poderíamos ter um sistema totalmente distribuído em que todos os nós da rede móvel partilhassem a mesma responsabilidade e actuassem como clusterheads. No entanto, um maior número de clusterheads resulta num número adicional de saltos para um pacote quando este é encaminhado da origem para o destino, uma vez que o pacote tem de passar por um maior número de clusterheads. Assim, esta solução conduz a uma maior latência, a um maior consumo de energia e a um maior processamento de informação por nó.

Por outro lado, para maximizar a utilização dos recursos, podemos optar por ter o número mínimo de cabeças de agrupamento para cobrir toda a área geográfica em que os nós estão distribuídos. A área total pode ser dividida em zonas, cuja dimensão pode ser determinada pelo alcance de transmissão dos nós. Isto pode colocar um limite inferior no número de clusterheads necessários. Idealmente, para atingir este limite inferior, é necessária uma distribuição uniforme dos nós em toda a área. Além disso, o número total de nós por unidade de área deve ser limitado de modo a que o chefe de agrupamento numa zona possa lidar com todos os nós nela contidos. No entanto, o agrupamento baseado em zonas não é uma solução viável pelas razões que se seguem. Os chefes de agrupamento estão normalmente localizados no centro da zona e, se se mudarem, têm de ser eleitos novos chefes de agrupamento. Pode acontecer que nenhum dos outros nós dessa zona tenha uma localização central. Por conseguinte, pode ser difícil encontrar um novo nó que possa atuar como cabeça de agrupamento com os outros nós dentro do seu alcance de transmissão. Outro problema surge devido à distribuição não uniforme dos nós em toda a área. Se uma determinada zona se tornar densamente povoada devido à migração de nós de outras zonas, então o clusterhead pode não ser capaz de lidar com todo o tráfego gerado pelos nós, porque há uma limitação inerente ao número de nós que um clusterhead pode lidar. Propomos que se eleja o número mínimo de clusterheads que possam suportar todos os nós do sistema, satisfazendo as restrições acima referidas.

4.3.3 Base do nosso algoritmo

Para decidir se um nó é adequado para ser um clusterhead, temos em conta o seu grau, potência de transmissão, mobilidade e potência da bateria. As seguintes características são consideradas no nosso algoritmo de agrupamento:

• O procedimento de eleição de cabeças de agrupamento não é *periódico* e é invocado tão raramente quanto possível. Isto reduz as actualizações do sistema e, consequentemente, os custos de computação e comunicação. O algoritmo de agrupamento não é invocado se as distâncias relativas entre os nós e os seus chefes de agrupamento não se alterarem.

• Idealmente, cada cabeça de agrupamento pode suportar apenas δ (um limiar pré-definido) nós para garantir um funcionamento eficiente do controlo de acesso ao meio (MAC). Se o chefe de agrupamento tentar servir mais nós do que a sua capacidade, a eficiência do sistema é afetada no sentido em que os nós sofrerão mais atrasos porque têm de esperar mais tempo pela sua vez (como no TDMA) para obter a sua parte do recurso. É possível obter uma elevada taxa de transferência do sistema limitando ou optimizando o *grau* de cada cabeça de agrupamento.

• A *energia da bateria* pode ser utilizada de forma eficiente dentro de um determinado intervalo de transmissão, ou seja, será necessária menos energia para um nó comunicar com outros nós se estes estiverem a uma distância próxima uns dos outros. Um clusterhead consome mais energia da bateria do que um nó normal, uma vez que tem responsabilidades adicionais a cumprir pelos seus membros.

• *A mobilidade* é um fator importante na decisão sobre os clusterheads. Para evitar mudanças frequentes de cabeça de agrupamento, é desejável eleger uma cabeça de agrupamento que não se mova muito rapidamente. Quando o chefe de agrupamento se desloca rapidamente, os nós podem ser separados do chefe de agrupamento e, consequentemente, ocorre uma *reafiliação*. A reafiliação ocorre quando um dos nós comuns sai de um cluster e se junta a outro cluster existente. Neste caso, a quantidade de informação trocada entre o nó e a cabeça de agrupamento correspondente é local e relativamente pequena. A atualização de informações em caso de alteração do conjunto dominante é muito superior a uma reafiliação.

- Um clusterhead consegue comunicar melhor com os seus vizinhos que se encontram a *distâncias* mais próximas dentro da gama de transmissão [82]. medida que os nós se afastam do chefe de agrupamento, a comunicação pode tornar-se difícil devido principalmente à atenuação do sinal com o aumento da distância.

4.3.4 Algoritmo de agrupamento ponderado

Com base na discussão anterior, propomos um algoritmo designado por algoritmo de agrupamento ponderado (WCA) que combina eficazmente cada um dos parâmetros do sistema acima referidos com determinados factores de ponderação escolhidos de acordo com as necessidades do sistema. Por exemplo, o controlo da potência é muito importante nas redes CDMA, pelo que o peso do parâmetro correspondente pode ser maior. A flexibilidade de alterar os factores de ponderação ajuda-nos a aplicar o nosso algoritmo a várias redes. O resultado do procedimento de eleição do chefe de cluster é um conjunto de nós chamado conjunto dominante. De acordo com a nossa notação, o número de nós que um clusterhead pode tratar idealmente é 6. Isto é para garantir que os clusterheads não são sobrecarregados e que a eficiência do sistema é mantida ao nível esperado. O procedimento de eleição de clusterheads é invocado no momento da ativação do sistema e também quando o conjunto dominante atual não consegue cobrir todos os nós. Cada invocação do algoritmo de eleição não significa necessariamente que todos os clusterheads do conjunto dominante anterior são substituídos pelos novos. Se um nó se separar do seu atual chefe de grupo e se ligar a outro chefe de grupo, os chefes de grupo envolvidos actualizam a sua lista de membros em vez de invocar o algoritmo de eleição. Uma versão preliminar deste algoritmo foi apresentada em [68].

4.3.5 Procedimento de eleição do chefe de grupo

O procedimento é composto por oito etapas, descritas a seguir:

Passo 1. Encontrar os vizinhos de cada nó v (i.e., nós dentro do seu alcance de transmissão) que define o seu grau, dv, como

$$d_v = |N(v)| = \sum_{v' \in V,\, v' \neq v} \{\text{dist}(v, v') < tx_{\text{range}}\}.$$

Passo 2. Calcular a diferença de grau, $\Delta v = |dv - \delta|$, para cada nó v.

Passo 3. Para cada nó, calcular a soma das distâncias, Dv, com todos os seus vizinhos, como

$$D_v = \sum_{v' \in N(v)} \{\text{dist}(v, v')\}.$$

Passo 4. Calcular a média da velocidade de cada nó até à hora atual T. Isto dá uma medida da mobilidade e é denotado por Mv, como

$$M_v = \frac{1}{T}\sum_{t=1}^{T}\sqrt{(X_t - X_{t-1})^2 + (Y_t - Y_{t-1})^2},$$

em que (Xt, Yt) e (Xt-1, Yt-1) são as coordenadas do nó v no tempo t e (t - 1), respetivamente.

Passo 5. Calcular o tempo cumulativo, Pv, durante o qual um nó v actua como cabeça de agrupamento. Pv implica a quantidade de energia da bateria consumida, que se presume ser maior para uma cabeça de agrupamento do que para um nó normal.

Passo 6. Calcular o *peso combinado Wv* para cada nó *v,* em que

$$W_v = w_1\Delta_v + w_2 D_v + w_3 M_v + w_4 P_v,$$

em que *w1, w2, w3* e *w4* são os *factores de ponderação* para os parâmetros correspondentes do sistema.

Passo 7. Escolher o nó com o menor *Wv* como cabeça de agrupamento. Todos os vizinhos do chefe de grupo escolhido deixam de poder participar no processo de eleição.

Passo 8. Repita os passos 2-7 para os restantes nós ainda não seleccionados como cabeça de agrupamento ou atribuídos a um agrupamento.

O primeiro componente, *w1Δv*, que contribui para a métrica combinada *Wv,* ajuda ao funcionamento eficiente do MAC, porque é sempre desejável que uma cabeça de agrupamento possa tratar até um certo número de nós no seu agrupamento. A motivação *deDv* está principalmente relacionada com o consumo de energia. Sabe-se que é necessária mais energia para comunicar a uma distância maior. Consequentemente, poder-se-ia pensar que seria mais adequado utilizar a soma dos quadrados (ou um expoente superior) das distâncias, porque a potência necessária para suportar uma ligação aumenta consideravelmente mais depressa do que linearmente com a distância (pelo menos na região de campo distante). A atenuação habitual da intensidade do sinal é inversamente proporcional a um certo expoente da distância, que é normalmente aproximado a 4 nas redes celulares, em que a distância entre os telemóveis e as estações de base é da ordem de 2-3 milhas. Mas nas redes ad hoc, as distâncias envolvidas são bastante pequenas (aproximadamente centenas de metros). Nesta gama, pode assumir-se que a atenuação é linear [78]. O terceiro componente de *Wv* é devido à mobilidade dos nós. Tal como discutido na secção 3.3, um nó com menos mobilidade é sempre uma melhor escolha para uma cabeça de agrupamento. O último componente, *Pv,* é medido como o tempo total (cumulativo) que um nó actua como cabeça de agrupamento. Assumimos que a energia da bateria de todos os nós é a mesma no início. Nesse caso, a drenagem da bateria dá uma medida direta da energia disponível da bateria. Além disso, tomámos em consideração que a drenagem da bateria será maior para os nós que actuam como clusterheads. No entanto, se os nós tiverem várias baterias à partida, seria mais preciso medir a energia atualmente disponível no nó. Esta, por sua vez, depende da energia inicial do nó e da energia gasta com base no tráfego real da rede e no comprimento das ligações utilizadas para o suportar.

4.4 Um exemplo ilustrativo

Demonstramos o nosso algoritmo de agrupamento ponderado com a ajuda das figuras 4.1 - 4.6. Todos os valores numéricos, obtidos a partir da execução do WCA nos 15 nós, como se mostra na figura 4.1, estão tabelados na tabela 4.1. A figura 4.1 mostra a configuração inicial dos nós da rede com os respectivos IDs. Os círculos a tracejado com o mesmo raio representam o alcance de transmissão fixo de cada nó. Um nó pode ouvir os sinais de transmissão dos nós que estão dentro do seu alcance de transmissão. Uma aresta entre dois

Fig 4.1 : *Configuração inicial dos nós*

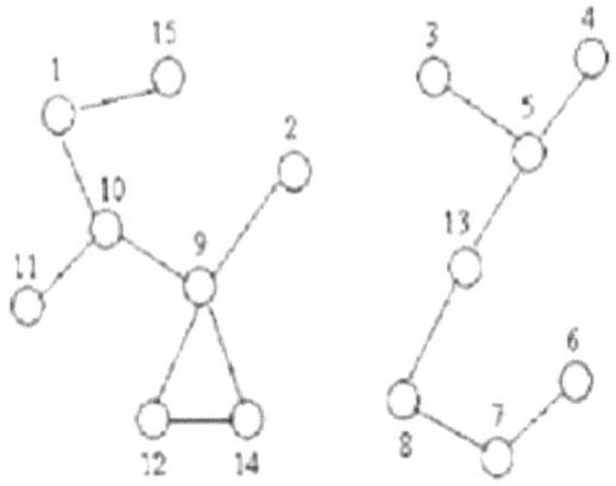

Fig 4.2: *Vizinhos identificados*

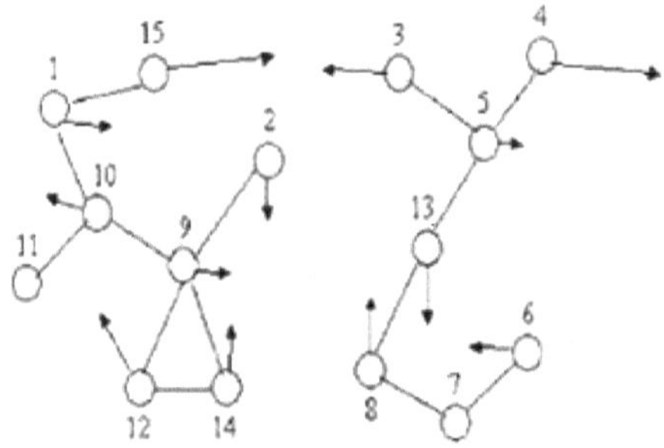

Fig 4.3: *Velocidade dos nós*

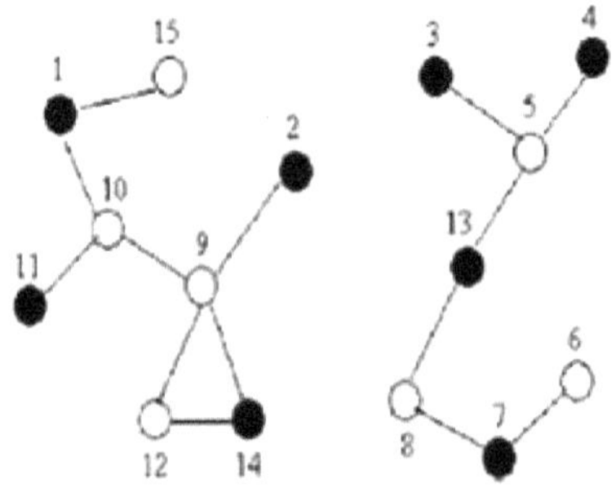

Fig 4.4: *Cabeças de cluster identificadas*

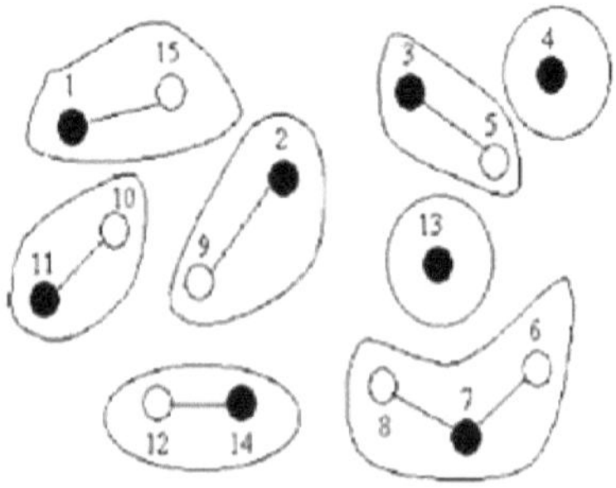

Fig 4.5: *Clusters identificados*

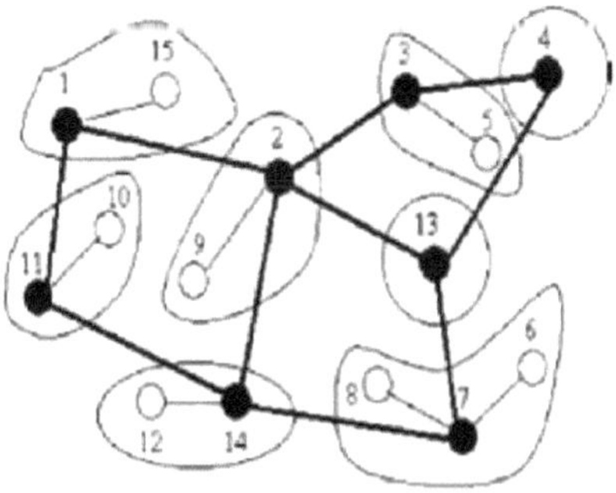

Fig. 4.6: *Conectividade alcançada*

Node id	d_v step 1	Δ_v step 2	D_v step 3	M_v step 4	P_v step 5	W_v step 6
1	2	0	6	2	1	1.35
2	1	1	4	2	2	1.70
3	1	1	3	3	1	1.50
4	1	1	3	4	2	1.60
5	3	1	9	1	4	2.75
6	1	1	3	2	2	1.50
7	2	0	6	0	0	1.20
8	2	0	7	3	3	1.70
9	4	2	13	2	6	4.40
10	3	1	12	2	7	3.55
11	1	1	3	0	1	1.35
12	2	0	5	3	4	1.35
13	2	0	7	3	2	1.65
14	2	0	5	2	0	1.10
15	1	1	3	4	3	1.65

Quadro 4.1: *Execução da WCA*

na figura 4.2 significa que os nós são vizinhos uns dos outros. O grau, dv, que é o número total de vizinhos de um nó, é apresentado no passo 1. A diferença de grau, Δv, de cada nó com grau de nó ideal δ = 2 é calculada no passo 2. A soma das distâncias, Dv, para cada nó é calculada no passo 3, em que a distância unitária foi escolhida arbitrariamente. As setas na figura 4.3 representam a velocidade e a direção do movimento associado a cada nó. Uma seta mais comprida representa um movimento mais rápido e uma seta mais curta indica um movimento mais lento. Os valores de Mv (passo 4) são escolhidos aleatoriamente. Mv = 0 implica que um nó não se move de todo. Escolhemos alguns valores arbitrários para Pv que representam a quantidade de tempo que um nó actuou como cabeça de agrupamento. Isto corresponde ao passo 5 do nosso algoritmo. Depois de identificados os valores de todos os componentes, calculamos a métrica ponderada, Wv, para cada nó, como proposto no passo 6 do nosso algoritmo. Os pesos considerados são w1 = 0,7, w2 = 0,2, w3 = 0,05 e w4 = 0,05. Note-se que estes factores de ponderação são escolhidos arbitrariamente de modo a que w1 + w2 + w3 + w4 = 1. A contribuição dos componentes individuais pode ser ajustada escolhendo a combinação adequada dos factores de ponderação. A Figura 4 mostra como um nó com Wv mínimo é selecionado como cabeça de agrupamento de forma distribuída, como indicado no passo 7 do nosso algoritmo. Os nós sólidos representam os clusterheads eleitos para a rede. Note-se que não há dois clusterheads que sejam vizinhos imediatos. A Figura 5 mostra os clusters iniciais formados pela execução do algoritmo de agrupamento. Observamos que o número total de vizinhos servidos por cada cabeça de cluster está próximo do grau ideal predefinido, $\delta = 2$. A Figura 4.6 mostra a conetividade alcançada na rede. Como já foi referido, a conetividade é conseguida através do alcance de transmissão de maior potência (em resultado da potência de modo duplo) de uma cabeça de agrupamento. Pode notar-se que, neste caso, se obtém um gráfico de componente único, o que significa que existe um caminho de um nó para qualquer outro nó.

4.4.1 Complexidade devido ao carácter distributivo

O tempo necessário para a seleção do nó com Wv mínimo depende da implementação do algoritmo. Num sistema centralizado com um servidor central, o Wv mínimo pode ser encontrado em tempo linear em relação ao número de nós. Mas não é possível ter um servidor centralizado em redes ad hoc. Assim, procedemos a uma solução distribuída em que todos os nós transmitem os seus IDs juntamente com os valores de Wv. Um nó recebe as transmissões dos seus vizinhos e armazena a informação. Esta informação armazenada é novamente trocada com os vizinhos imediatos e o processo continua até que todos os nós tomem conhecimento do nó com o menor Wv. O tempo necessário para os nós recolherem informações sobre todos os outros nós dependerá do diâmetro do grafo subjacente. É de notar que este procedimento permite obter os mínimos globais de Wvs, ao contrário do algoritmo Lowest-ID que apenas encontra os mínimos locais de ids.

Pode argumentar-se que as heurísticas existentes discutidas anteriormente são todas casos especiais do nosso algoritmo. A heurística do grau mais elevado considera apenas o grau de um nó e não tem em conta todos os outros parâmetros do sistema (w2 = w3 = w4 = 0). Na heurística Lowest-ID, a atribuição dos IDs é aleatória.

Podemos assumir que os ids que estão a ser atribuídos são baseados na mobilidade. O id mais baixo é atribuído ao nó menos móvel e o id mais alto ao mais móvel. Nesse caso, ($w1 = w2 = w4 = 0$). A heurística Node-Weight atribui simplesmente pesos aos nós que são equivalentes a Wv no nosso caso. A base para a adequação dos nós como cabeças de cluster é ignorada. No entanto, na nossa abordagem, definimos e formulamos os parâmetros para a escolha de um chefe de grupo e mostramos como são calculados os pesos Wv.

4.4.2 Política de ativação e atualização do sistema

Quando um sistema é inicialmente posto em funcionamento, cada nó v transmite a sua identificação, que é registada por todos os outros nós que se encontram dentro do alcance de transmissão de v, tx_range, como se pode ver na figura 1. Parte-se do princípio de que um nó que recebe uma transmissão de outro nó pode estimar a sua distância mútua a partir da intensidade do sinal recebido. O GPS (Global Positioning System) pode ser outra solução, uma vez que é utilizado principalmente para obter a localização geográfica dos nós. Embora o GPS possa tornar o problema relativamente mais simples, há sempre um custo associado à implantação do GPS, uma vez que cada nó móvel deve ser um recetor GPS. Com base na intensidade do sinal recebido, cada nó tem conhecimento dos seus nós vizinhos e das respectivas distâncias. Note-se que estes nós vizinhos são apenas os vizinhos geográficos e não significam necessariamente vizinhos dentro do mesmo cluster. Quando a lista de vizinhos de cada nó está pronta, o nosso algoritmo de agrupamento escolhe pela primeira vez a cabeça de agrupamento, como ilustrado na figura 4. Note-se que o fator de mobilidade e a energia da bateria seriam os mesmos para todos os nós quando o sistema é inicializado. Efetivamente, Wv terá apenas dois termos _v e Dv a contribuir para ele. Cada nó mantém o seu estado (i.e., cabeça de cluster ou não). Um nó não-cabeça de cluster conhece o cluster a que pertence e a cabeça de cluster correspondente.

Devido à natureza dinâmica do sistema considerado, os nós e os clusterheads tendem a mover-se em direcções diferentes, desorganizando assim a estabilidade do sistema configurado. Por isso, o sistema tem de ser atualizado de tempos a tempos. A atualização pode resultar na formação de novos clusters e na possível mudança do ponto de ligação dos nós de uma cabeça de cluster para outra dentro do conjunto dominante existente. Este processo é designado por reafiliação. A frequência da atualização e, consequentemente, da reafiliação é uma questão importante. Se o sistema for atualizado periodicamente com uma frequência elevada, então a topologia mais recente do sistema pode ser utilizada para encontrar as cabeças de agrupamento que produzirão um bom conjunto dominante. No entanto, tal conduzirá a um custo computacional elevado, resultando na perda de energia da bateria ou de energia. Se a frequência de atualização for baixa, é possível que se percam as informações topológicas actuais, o que pode levar a que as sessões terminem a meio.

Todos os nós monitorizam continuamente a intensidade do sinal recebido do chefe de agrupamento. Quando a separação mútua entre o nó e o seu chefe de agrupamento aumenta, a intensidade do sinal diminui. Nesse caso, o móvel tem de notificar o seu atual chefe de agrupamento de que já não é capaz de se ligar a esse chefe de agrupamento. O chefe de agrupamento tenta transferir o nó para um agrupamento vizinho (chefe de agrupamento existente no conjunto dominante). O chefe de cluster do nó reafiliado actualiza a sua lista de membros. Se o nó for para uma região não coberta por nenhum chefe de agrupamento, é invocado o algoritmo de eleição do chefe de agrupamento e é obtido o novo conjunto dominante.

O objetivo do nosso algoritmo de eleição de cabeças de grupo é minimizar o número de alterações na atualização do conjunto dominante. Uma vez criada a lista de vizinhos para todos os nós, a diferença de grau Δv é calculada para cada nó v. Além disso, Dv é calculada para cada nó através da soma das distâncias dos seus vizinhos. A mobilidade Mv é calculada através da média da velocidade do nó. A quantidade total de tempo, Tv, que permaneceu como cabeça de cluster também é calculada. Todos estes parâmetros são normalizados, o que significa que os seus valores se situam numa região pré-definida. Os pesos correspondentes wl, w2, w3 ou w4 são mantidos fixos para um determinado sistema. Os factores de ponderação também dão a flexibilidade de ajustar a contribuição efectiva de cada um dos parâmetros no cálculo do peso combinado Wv. Por exemplo, num sistema em que a energia da bateria é mais importante, o peso w4 associado a Tv pode ser maior. Note-se que a soma destes factores de ponderação é 1. O nó com o peso total mínimo, Wv, é eleito como cabeça de agrupamento. O chefe de grupo eleito e os seus vizinhos deixam de ser elegíveis para participar na parte restante do processo de eleição, que continua até que cada nó seja considerado um chefe de grupo ou um vizinho de algum chefe de grupo.

4.5 Balanceamento de carga

A carga gerida por uma cabeça de agrupamento depende do número de nós por ela suportados. Um clusterhead, para além de apoiar os seus membros com os recursos de rádio, tem também de encaminhar mensagens para outros nós pertencentes a clusters diferentes. Por conseguinte, não é desejável que um clusterhead esteja demasiado carregado enquanto outros estão pouco carregados [61]. Ao mesmo tempo, é difícil manter um sistema perfeitamente equilibrado em termos de carga em todos os momentos, devido à frequente separação e ligação dos nós dos clusterheads e aos clusterheads. Para medir quantitativamente o grau de equilíbrio dos clusterheads, introduzimos um parâmetro denominado fator de equilíbrio da carga (LBF). Como a carga de um clusterhead pode ser representada pela cardinalidade do tamanho do seu cluster, a variância das cardinalidades significará a distribuição da carga. Definimos o LBF como o inverso da variância da cardinalidade dos clusters. Assim,

$$\mathrm{LBF} = \frac{n_c}{\sum_i (x_i - \mu)^2},$$

em que nc é o número de cabeças de agrupamento, xi é a cardinalidade do agrupamento i e μ = (N -nc)/nc, (sendo N o número total de nós no sistema) é o número médio de vizinhos de uma cabeça de agrupamento. Claramente, um valor mais elevado de LBF significa uma melhor distribuição da carga e tende para infinito para um sistema perfeitamente equilibrado.

4.6 Ligar os clusters

Como extensão lógica do agrupamento, investigamos a conetividade dos nós, que é essencial para qualquer algoritmo de encaminhamento. O agrupamento garante que os nós dentro de um agrupamento são capazes de comunicar entre si através dos clusterheads, cada um dos quais actua como o nó central de uma estrela, como mostra a figura 5. Mas a comunicação inter-cluster não é possível se os clusters não estiverem ligados. Para que dois clusters comuniquem entre si, assumimos que os clusterheads são capazes de funcionar em modo de alimentação dupla. Um clusterhead utiliza baixa potência para comunicar com os membros no seu raio de transmissão e alta potência para comunicar com os clusterheads vizinhos devido ao seu maior raio de ação. As ligações entre os clusterheads são mostradas como linhas sólidas na figura 4.6.

Definimos conetividade como a probabilidade de um nó ser contactável a partir de qualquer outro nó. Para um grafo de componente único, qualquer nó é acessível a partir de qualquer outro nó e a conetividade é 1. Se a rede não resultar num grafo de componente único, então podemos dizer que todos os nós no maior componente podem comunicar entre si e a conetividade pode ser o rácio entre a cardinalidade do maior componente e a cardinalidade do grafo. Assim,

$$\text{connectivity} = \frac{\text{size of largest component}}{N}.$$

O alcance de transmissão de uma cabeça de agrupamento pode ser suficientemente grande ajustando a potência de modo a obter uma rede ligada.

4.7 Mensagens de encaminhamento

Como a nossa técnica de ligação de cabeças de cluster garante que todos os nós estão ligados com uma probabilidade próxima de 1, podemos encaminhar mensagens de qualquer nó para qualquer outro nó. Foram propostos vários algoritmos para o encaminhamento de mensagens em redes ad hoc [73,75,79,80]. Este conceito não propõe nem trata de nenhum algoritmo de encaminhamento. Pode notar-se que o número de saltos que uma mensagem faz num encaminhamento baseado em cabeças de cluster [79] depende do número de cabeças de cluster na rede. Não é recomendável ter muito poucos ou muitos clusterheads na rede. Acreditamos que o nosso algoritmo de agrupamento ajudará os algoritmos de encaminhamento em termos do número de saltos na cabeça de agrupamento, que deverá ser mínimo devido à distribuição da carga. Se um nó de origem A quiser estabelecer uma ligação com um nó de destino B, precisa primeiro de descobrir uma rota para B. O nó A envia uma mensagem de pedido de "descoberta de rota" com a identificação de B para a sua cabeça de agrupamento. Se B não estiver presente no mesmo agrupamento que A, então o chefe de agrupamento de A propaga a mensagem de pedido ao seu chefe de agrupamento vizinho. Ao receber o pedido, os chefes de agrupamento podem verificar se B está presente na sua lista de membros. Se B for encontrado, é enviado um aviso de receção positivo de B que chega a A através dos chefes de agrupamento e o procedimento de descoberta de rota é terminado. Se B não for encontrado, a mensagem de pedido é propagada para os vizinhos de dois saltos do chefe de agrupamento de A e o processo continua até B ser encontrado.

O pior tempo de pesquisa ocorrerá no caso de todos os clusterheads estarem ligados de modo a formar um gráfico linear. Neste caso, a pesquisa de um cluster tem de ser feita um de cada vez, eliminando a possibilidade de pesquisa paralela entre os clusters. O pior caso de complexidade de tempo para encontrar um nó será O(|chefes de cluster|), onde |chefes de cluster| é a cardinalidade do conjunto dominante.

4.8 Conclusão

Propusemos um algoritmo de agrupamento distribuído baseado no peso (WCA) que pode adaptar-se dinamicamente à topologia em constante mudança das redes ad hoc. A nossa abordagem restringe o número de nós a serem atendidos por uma cabeça de agrupamento, de modo a não degradar o funcionamento do MAC. Tem também a flexibilidade de atribuir pesos diferentes e tem em conta um efeito combinado do grau ideal, da potência de transmissão, da mobilidade e da potência da bateria dos nós. O algoritmo só é executado quando há uma procura, ou seja, quando um nó já não consegue ligar-se a nenhum dos clusterheads existentes. O nosso algoritmo de agrupamento tenta distribuir a carga tanto quanto possível. Observamos que existe um padrão de como o LBF (load balance fator) muda para distribuir a carga. Há um aumento gradual do LBF devido à difusão dos nós entre os clusters. A diminuição acentuada deve-se ao desequilíbrio causado pelo algoritmo de agrupamento para garantir que os nós estão ligados, o que ajuda a encaminhar as mensagens de qualquer nó para qualquer outro nó. Assim, existe um compromisso entre a carga gerida pelos clusterheads e a conetividade da rede. Realizámos experiências de simulação para medir o desempenho do nosso algoritmo de agrupamento e demonstrámos que tem um desempenho significativamente melhor do que as heurísticas de grau mais elevado e de ID mais baixo. Em particular, o número de reafiliações para o WCA é cerca de 50% do obtido com a heurística Lowest-ID. Embora a nossa abordagem tenha um desempenho marginalmente melhor do que a heurística NodeWeight, considera parâmetros de sistema mais realistas e tem a flexibilidade de ajustar os factores de ponderação.

CAPÍTULO : 5

CONGLOMERAÇÃO DE ALGORITMOS

Neste capítulo, propomos um algoritmo de agrupamento distribuído a pedido com a influência do NFPQR para redes de rádio de pacotes com vários saltos, a fim de proporcionar um melhor encaminhamento de QoS. Para eleger o clusterhead, o algoritmo de agrupamento distribuído baseado em pesos proposto tem em consideração estes parâmetros - grau ideal, potência de transmissão, mobilidade e potência da bateria dos nós móveis. Os clusterheads (conjunto dominante na rede) determinam a topologia e a estabilidade da rede. O algoritmo de agrupamento para a eleição do clusterhead é invocado a pedido, não periodicamente, para reduzir os custos de computação e comunicação. A cabeça de agrupamento funciona em modo de potência dupla: em modo de potência mais baixa com os nós do seu próprio agrupamento e em modo de potência mais alta com outra cabeça de agrupamento de agrupamentos diferentes. Para fornecer QoS, implementamos o algoritmo Link Failure Prediction QoS Routing apenas no conjunto dominante da MANET, porque a probabilidade de falha de ligação é maior nas ligações entre diferentes clusterheads em comparação com os nós do mesmo cluster. O NFPQR prevê o estado futuro do nó para decidir se um nó é uma boa seleção como rota ou não. A heurística de previsão futura depende da mobilidade e do nível de potência do nó.

A arquitetura de rede de rádio por pacotes multi-cluster e multi-hop para sistemas sem fios deve ser capaz de se adaptar dinamicamente às configurações de rede em mudança. Certos nós, conhecidos como clusterheads, são responsáveis pela formação de clusters, cada um constituído por um número de nós (análogo às células numa rede celular) e pela manutenção da topologia da rede. O conjunto de clusterheads é conhecido como conjunto dominante. Um clusterhead efectua a atribuição de recursos a todos os nós pertencentes ao seu cluster. Devido à natureza dinâmica dos nós móveis, a sua associação e dissociação de e para clusters perturba a estabilidade da rede, pelo que a reconfiguração dos clusterheads é inevitável. Trata-se de uma questão importante, uma vez que as frequentes mudanças de cabeças de agrupamento afectam negativamente o desempenho de outros protocolos, como o agendamento, o encaminhamento e a atribuição de recursos, que dependem desses protocolos. A escolha óptima de cabeças de agrupamento é um problema NP difícil [4]. O conceito de dividir a região geográfica a cobrir em pequenas zonas tem sido apresentado implicitamente como *clustering* na literatura [13]. Uma forma natural de mapear uma arquitetura celular "standard" para uma rede de rádio por pacotes multi-hop é através do conceito de rede celular virtual [9]. Qualquer nó pode se tornar um clusterhead se tiver a funcionalidade necessária, como poder de processamento e transmissão. Os nós registam-se no clusterhead mais próximo e tornam-se membros desse cluster. Os clusters podem mudar dinamicamente, reflectindo a mobilidade da rede subjacente.

propomos um algoritmo de agrupamento distribuído baseado no peso, com a influência do NFPQR, que tem em consideração o número de nós que uma cabeça de agrupamento pode tratar idealmente (sem qualquer degradação grave do desempenho), a potência de transmissão, a mobilidade e a potência da bateria dos nós, com previsão futura do estado do nó, para decidir se um nó é ou não uma boa seleção como rota.

O nosso algoritmo consegue equilibrar a carga especificando um limite pré-definido para o número de nós que um clusterhead pode tratar idealmente. Isto garante que nenhum dos clusterheads está sobrecarregado em qualquer momento. Definimos o fator de equilíbrio da carga (LBF) para medir o grau de equilíbrio da carga entre os clusterheads. Definimos conetividade como a probabilidade de um nó ser acessível a partir de qualquer outro nó. No nosso esquema, os clusterheads funcionam em modo de alimentação dupla. Os clusterheads podem funcionar num modo de potência mais elevada (resultando num maior alcance de transmissão) para a comunicação inter-cluster, enquanto utilizam uma potência mais baixa para a comunicação intra-cluster. A utilização do NFPQR permite encontrar caminhos mais estáveis, minimizar os atrasos e melhorar o rácio de entrega, reduzir a violação da QoS e aumentar o tempo de vida das MANET.

5.1 Algoritmo proposto:

Passo 1. Encontrar os vizinhos de cada nó *v* (i.e., nós dentro do seu alcance de transmissão) que define o seu *grau, dv,* como

$$D = |N(v)| = \sum_{v' \in V,\, v' \neq v} \{\mathrm{dist}(v, v') < tx_{\mathrm{range}}\}.$$

Passo 2. Calcular a *diferença de grau,* $\Delta = |D - \delta|$, para cada nó *v*.

Passo 3. Para cada nó, calcular a *soma das distâncias, Dv,* com todos os seus vizinhos, como

$$\mathrm{S} = \sum_{v' \in N(v)} \{\mathrm{dist}(v, v')\}.$$

Passo 4. Calcular a média da velocidade de cada nó até ao momento atual *T.* Isto dá uma medida da mobilidade e é denotado por *Mv,* como

$$M = \frac{1}{T} \sum_{t=1}^{T} \sqrt{(X_t - X_{t-1})^2 + (Y_t - Y_{t-1})^2}.$$

em que *(Xt, Yt)* e *(Xt-1, Yt-1)* são as coordenadas do nó *v* no momento *t* e *(t - 1)*, respetivamente.

Passo 5. Calcular o tempo acumulado, *P,* durante o qual o ânodo *v* actua como cabeça de agrupamento. *P* implica a quantidade de energia da bateria consumida, que se presume ser maior para uma cabeça de agrupamento do que para um nó normal.

Passo 6. Calcular o *peso combinado W* para cada nó *v*, em que

$W = w1\Delta + w2S + w3M + w4P,$

em que w1,w2,*w3* e *w4* são os *factores de ponderação* para os parâmetros correspondentes do sistema.

Passo 7. Escolher o nó com o menor *Wv* como cabeça de agrupamento. Todos os vizinhos do chefe de grupo escolhido deixam de poder participar no processo de eleição.

Passo 8. Repita os passos 2-7 para os restantes nós ainda não seleccionados como cabeça de agrupamento ou atribuídos a um agrupamento.

Passo 9. Agora, o chefe de agrupamento é selecionado e, quando qualquer chefe de agrupamento recebe uma mensagem de pedido de rota (RREQ no AODV) de outro chefe de agrupamento de diferentes agrupamentos, prevê a condição futura utilizando o algoritmo NFPQR nas seguintes etapas prever a condição futura

- Nível de potência > 0,1 Tr
- LLT > limiar

Passo 10. Em seguida, encaminha este pedido para o próximo salto; caso contrário, deixa cair a mensagem de pedido de rota. O mesmo procedimento é repetido para todos os clusterheads até o destino ser alcançado.

5.2 Um exemplo ilustrativo:

Demonstramos o nosso agrupamento ponderado com a influência do algoritmo NFPQR com a ajuda das figuras 5.1-5.7. Todos os valores numéricos, obtidos a partir da execução do WCA nos 15 nós, conforme indicado na figura 5.1, estão tabelados na tabela 5.1. A figura 5.1 mostra a configuração inicial dos nós da rede com os respectivos IDs. Os círculos a tracejado com o mesmo raio representam o alcance de transmissão fixo de cada nó. Um nó pode ouvir os sinais de transmissão dos nós que estão dentro do seu alcance de transmissão. Uma aresta entre dois

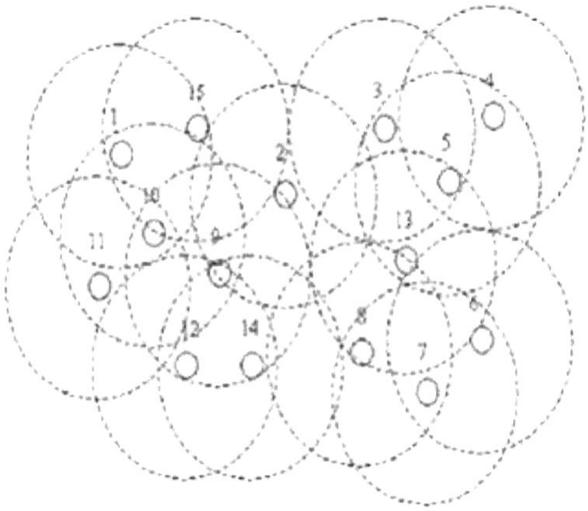

Fig. 5.1 Configuração inicial dos nós

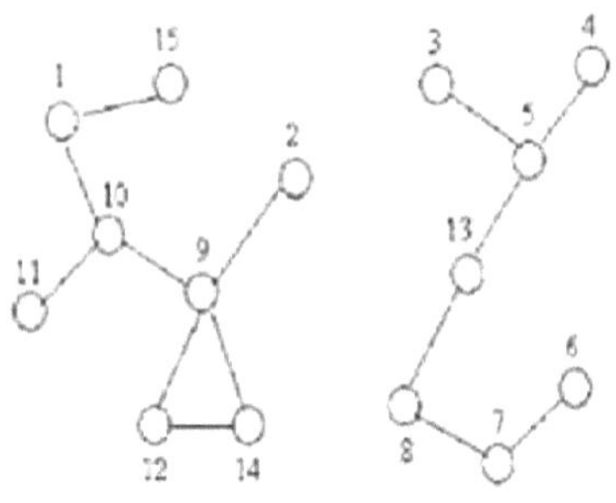

Fig. 5.2: Vizinhos identificados

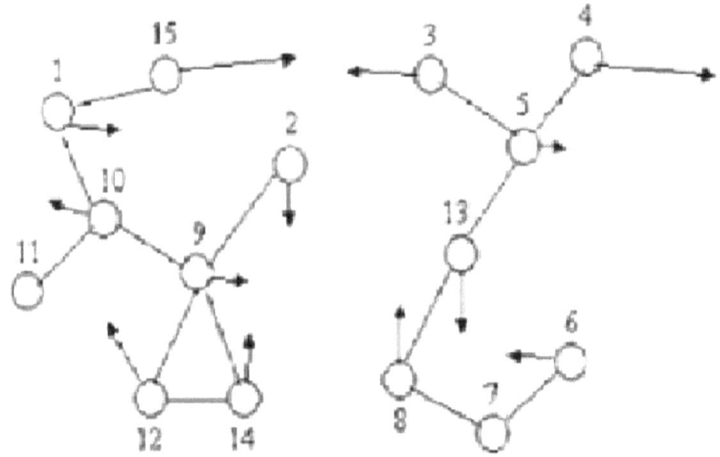

Fig. 5.3: Velocidade dos nós

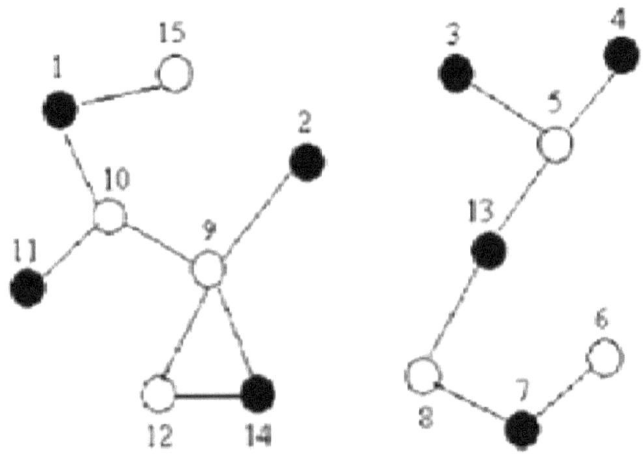

Fig. 5.4 Cabeças de cluster identificadas

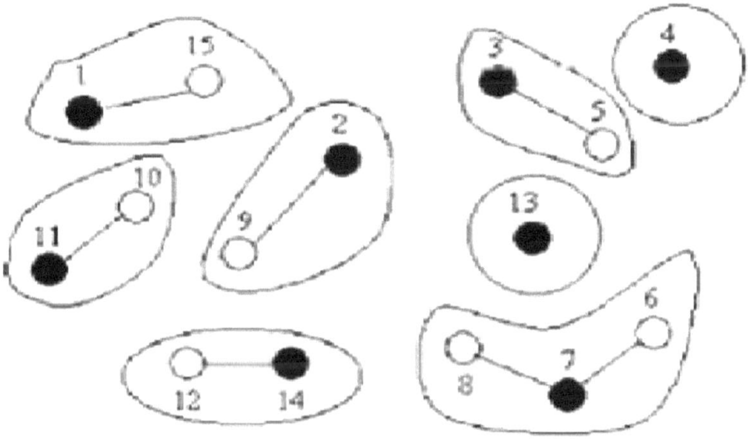

Fig. 5.5 Clusters identificados

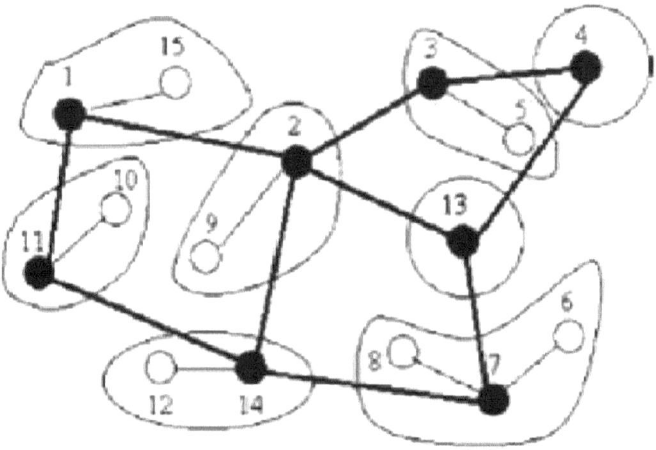

Fig. 5.6: Conectividade alcançada

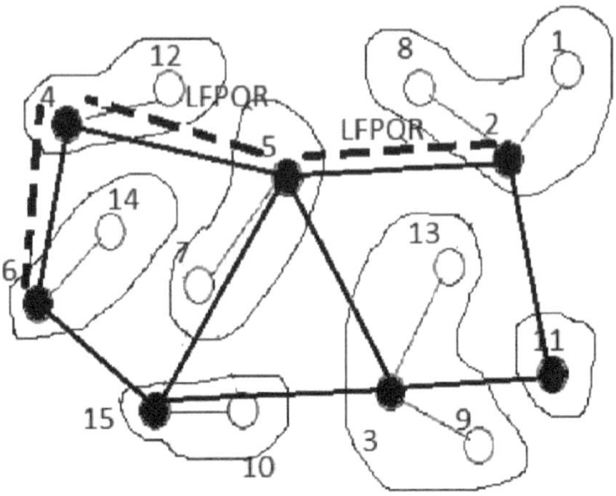

Fig. 5.7: Mensagens de encaminhamento

Id do nó	D Passo 1	Δ Passo 2	S Passo 3	M Passo 4	P Passo 5	W Passo 6
1	1	1	5	3	1	2.30
2	3	1	4	2	3	0.97
3	2	1	3	4	2	1.20
4	2	0	3	2	1	1.05
5	1	1	1	3	0	1.05
6	1	1	2	1	0	1.25
7	4	0	5	3	4	1.85
8	1	0	6	0	5	2.65
9	2	2	12	2	6	5.20
10	2	1	11	3	7	3.80
11	1	1	3	3	3	1.80
12	1	0	5	2	0	2.20
13	2	0	8	4	2	2.70
14	3	0	3	5	3	1.90
15	2	1	4	0	1	1.25

Quadro 1. Execução da WCA

Os nós na figura 2 significam que os nós são vizinhos uns dos outros. O grau, *D,* que é o número total de vizinhos que um nó tem, é apresentado no passo 1. A diferença de grau Δ, de cada nó com grau ideal $\delta = 2$, é calculada no passo 2. A soma das distâncias, *S,* para cada nó é calculada no passo 3, em que a distância unitária foi escolhida arbitrariamente. As setas na figura 3 representam a velocidade e a direção do movimento associado a cada nó. Uma seta mais comprida representa um movimento mais rápido e uma seta mais curta indica um movimento mais lento. Os valores de *M* (passo 4) são escolhidos aleatoriamente. *M* = 0 implica que um nó não se move de todo. Escolhemos alguns valores arbitrários para *T*, que representa a quantidade de tempo que um nó actuou como cabeça de agrupamento. Isto corresponde ao passo 5 do nosso algoritmo. Depois de identificados os valores de todos os componentes, calculamos a métrica ponderada, *W*, para cada nó, como proposto no passo 6 do nosso algoritmo. Os pesos considerados são $w1$ = 0,6, $w2$ = 0,3, $w3$ = 0,05 e $w4$ = 0,05. Note-se que estes factores de ponderação são escolhidos arbitrariamente de modo a que $w1 + w2 + w3 + w4 = 1$. A contribuição dos componentes individuais pode ser ajustada escolhendo a combinação apropriada dos factores de ponderação. A Figura 5.4 mostra como um nó com *W* mínimo é selecionado como cabeça de agrupamento de forma distribuída, como indicado no passo 7 do nosso algoritmo. Os nós sólidos representam os clusterheads eleitos para a rede. Note-se que não há dois clusterheads que sejam vizinhos directos. A Figura 5.5 mostra os clusters iniciais formados pela execução do algoritmo de agrupamento. Observamos que o número total de vizinhos servidos por cada cabeça de cluster está próximo do grau ideal predefinido, $\delta = 2$. A Figura 5.6 mostra a conetividade alcançada na rede. Como já foi referido, a conetividade é conseguida através do alcance de transmissão de maior potência (em resultado da potência de modo duplo) de uma cabeça de agrupamento. Pode notar-se que, neste caso, se obtém um gráfico de componente único, o que significa que existe um caminho de um nó para qualquer outro nó. A Figura 5.7 descreve o modo como a mensagem é encaminhada da origem para o destino com um atraso mínimo de extremo a extremo e, para uma conetividade de longa duração, escolhendo o melhor caminho entre caminhos semelhantes através da aplicação do NFPQR - CL.

5.3 Mensagens de encaminhamento:

A técnica de ligação por cabeças de agrupamento garante que todos os nós estão ligados com uma probabilidade próxima de 1, pelo que podemos encaminhar mensagens de qualquer nó para qualquer outro nó. Pode notar-se que o número de saltos que uma mensagem faz num encaminhamento baseado em cabeças de agrupamento[19] depende do número de cabeças de agrupamento na rede. O nosso algoritmo de agrupamento ajudará os algoritmos de encaminhamento em termos do número de saltos. Quando há mais caminhos com o mesmo número de saltos entre a origem e o destino, aplicamos o algoritmo LFPQRCL para decidir qual o caminho de comunicação mais prometedor que pode durar mais tempo no futuro.

Se um nó de origem A quiser estabelecer uma ligação com um nó de destino B, precisa primeiro de descobrir uma rota para B. O nó A envia uma mensagem de pedido de "descoberta de rota" com o ID de B para o seu chefe de agrupamento. Se B não estiver presente no mesmo agrupamento que A, então o chefe de agrupamento de A propaga a mensagem de pedido ao seu chefe de agrupamento vizinho. Ao receber o pedido, os chefes de agrupamento podem verificar se B está presente na sua lista de membros. Se B for encontrado, é enviado um aviso de receção positivo de B que chega a A através dos chefes de agrupamento e o procedimento de descoberta de rota é terminado. Se B não for encontrado, a mensagem de pedido é propagada aos vizinhos de dois saltos do chefe de agrupamento de A e o processo continua até B ser encontrado.

AGORA, utilizando o algoritmo de cabeça de agrupamento, se encontrarmos mais do que um caminho com o mesmo número de saltos entre A e B, utilizamos o NFPQRCL ao longo de todos os caminhos encontrados utilizando o algoritmo de cabeça de agrupamento e escolhemos o caminho que vai ser estabelecido durante o máximo de tempo.

No nosso exemplo da fig.5.7, se o nó 6 quiser comunicar com o nó 1, aplicando o algoritmo de cabeça de aglomerado, descobrimos que o caminho através da cabeça de aglomerado 6,4,5,2,1 e 6,15,5,2,1 são semelhantes, uma vez que ambos têm uma distância de salto de 4.

Assim, para melhorar a eficiência, aplicamos o algoritmo NFPQRCL ao longo dos dois caminhos acima referidos e seleccionamos o primeiro caminho como o principal caminho de comunicação (uma vez que esta ligação será estabelecida durante um período de tempo mais longo), o que é mostrado no diagrama com a linha sólida apoiada pela linha tracejada. O nosso algoritmo não só selecciona caminhos estáveis, como também distribui a carga e aumenta o tempo de vida da rede.

5.4 Estudo de simulação:

Simulamos um sistema de *N* nós numa grelha de 100 x 100. Os nós podem mover-se em todas as direcções possíveis com um deslocamento que varia uniformemente entre 0 e um valor máximo *(maxdisp),* por unidade de tempo. Para medir o desempenho do nosso algoritmo WCA influenciado pelo LFPQR, identificamos três métricas: (i) o número de clusterheads, (ii) o número de reafiliações, e (iii) o número de actualizações do conjunto dominante. Sempre que um conjunto dominante é identificado, a sua cardinalidade fornece o número de cabeças de cluster. A contagem de reafiliações é incrementada quando um nó é dissociado da sua cabeça de cluster e se torna membro de outro cluster dentro do conjunto dominante atual. A atualização do conjunto dominante tem lugar quando um nó deixa de poder ser vizinho de qualquer um dos clusterheads existentes. Estes três parâmetros são estudados para variar o número de nós *(N)* no sistema, o alcance da transmissão e a deslocação máxima. Também estudamos a forma como o fator de equilíbrio da carga se altera à medida que o sistema evolui e o grau de ligação entre os nós. Nas nossas experiências de simulação, *N variou* entre 20 e 60, e o alcance da transmissão variou entre 0 e 70. Os nós moveram-se aleatoriamente em todas as direcções possíveis com uma deslocação máxima de 10 ao longo de cada uma das coordenadas. Em cada unidade de tempo, os nós movem-se a uma distância uniformemente distribuída entre 0 e *max disp.* Assim, o deslocamento euclidiano máximo possível é 10√ 2. Assumimos que cada cabeça de cluster pode lidar com no máximo δ =10 nós (grau ideal) em seu cluster em termos de alocação de recursos. Devido à importância de manter o grau do nó o mais próximo possível do ideal, o peso *w1* associado a A foi escolhido alto. O próximo peso mais elevado, *w2,* foi atribuído a *S,* que é a soma das distâncias. A mobilidade e a energia da bateria receberam pesos baixos. Os valores utilizados na simulação foram *w1* = 0,6, *w2* = 0,3, *w3* = 0,05 e *w4* = 0,05. Note-se que estes valores são arbitrários neste momento e devem ser ajustados de acordo com os requisitos do sistema.

5.5 Resultados experimentais:

As figuras mostram a variação dos mesmos parâmetros, mas para uma variação de max_disp e um alcance de transmissão constante de 30. A figura mostra que o número médio de clusterheads é quase o mesmo para diferentes valores de max_disp, particularmente para valores maiores de N. Isto deve-se ao facto de, independentemente da mobilidade, resultar simplesmente numa configuração diferente, mas o tamanho do cluster permanecer o mesmo.

A Figura 9 mostra as reafiliações por unidade de tempo em função da deslocação máxima. À medida que a deslocação se torna maior, os nós tendem a afastar-se mais da sua cabeça de agrupamento, destacando-se da cabeça de agrupamento e causando mais reafiliações por unidade de tempo e mais actualizações de conjuntos dominantes. A acessibilidade de um nó a partir de outro é mostrada na figura 10. A figura 10 demonstra que é possível obter um gráfico bem ligado à custa de um maior alcance de transmissão.

A Figura 11 mostra o desempenho relativo das heurísticas Highest- Degree, Lowest-ID, Node-Weight e WCA em termos do número de reafiliações por unidade de tempo vs. intervalo de transmissão em que *N* = 30. O número de reafiliações para a WCA é, no máximo, metade do número obtido com a Lowest-ID. A principal razão é que a frequência de invocação do algoritmo de agrupamento é menor no WCA, resultando assim numa maior duração da estabilidade da topologia. O nosso algoritmo tem um desempenho marginalmente melhor do que a heurística Node-Weight que, no entanto, não fornece qualquer base para a atribuição dos pesos aos nós. O nosso algoritmo WCA descreve um modelo linear que tem em consideração os quatro parâmetros importantes do sistema para decidir a adequação dos nós que actuam como cabeças de agrupamento. Também oferece a flexibilidade de ajustar os factores de ponderação de acordo com as necessidades do sistema.

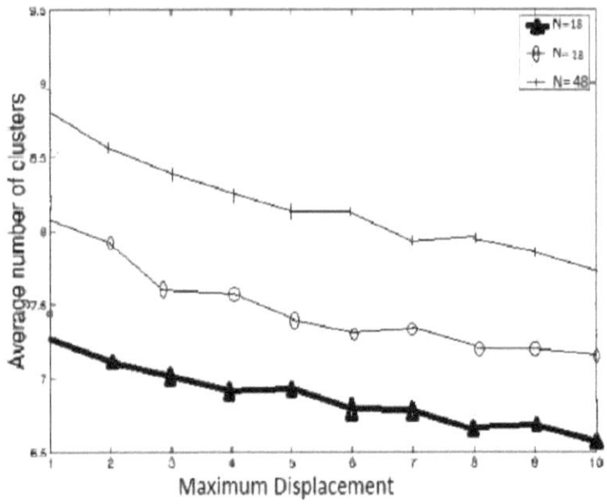

Figura 5.8.N.º médio de clusters, tx_range= 30

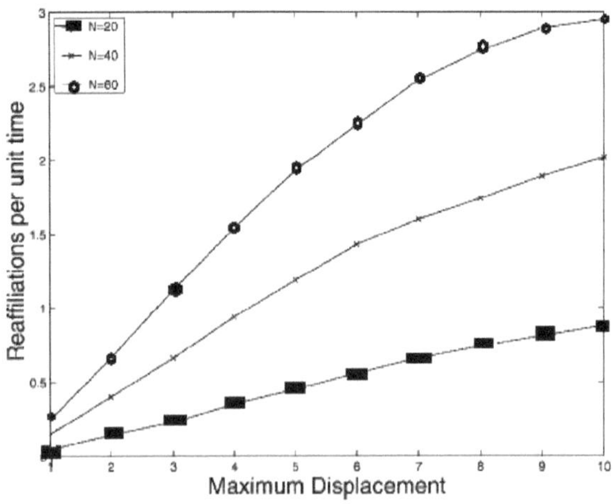

Figura 5. 9. Reafiliações por unidade de tempo, tx_range = 30

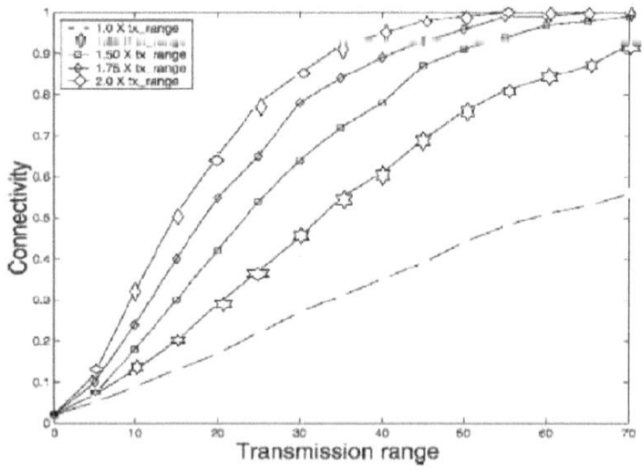

Figura 5.10. Conectividade

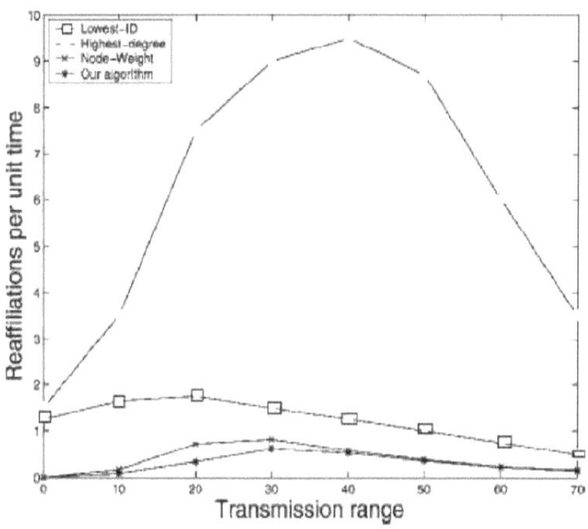

Figura 5.11.Comparação das reafiliações, N= 30

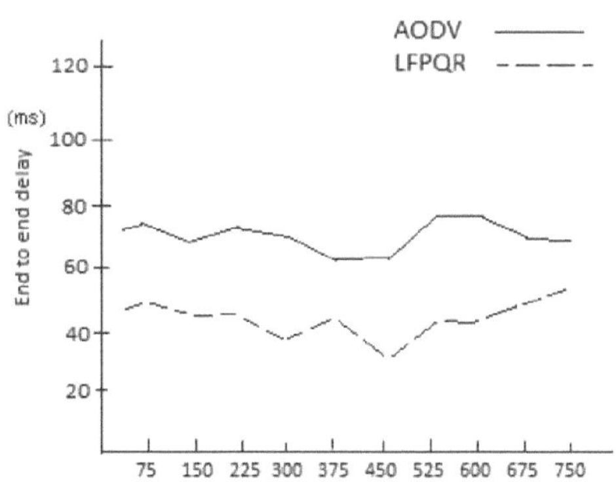

Figura 5.12. Atraso de extremo a extremo

O desempenho do LFPQR é comparado com o do AODV utilizando os resultados do simulador. Para avaliar o desempenho do LFPQR, foram consideradas as métricas do atraso extremo-a-extremo e da taxa de entrega de pacotes. Neste caso, o atraso extremo-a-extremo dos pacotes de dados inclui todos os possíveis atrasos causados pela reconstrução de rotas quando as ligações são interrompidas, o enfileiramento na fila da interface, os atrasos de transmissão no MAC, os tempos de propagação e de transmissão. Como se mostra na Figura 12, o algoritmo proposto tem um atraso de extremo a extremo inferior ao do AODV, porque o LFPQR encontra trajectórias estáveis que não contêm ligações semanais entre os nós e cada nó pode fornecer potência de sinal suficiente para a comunicação durante a transmissão de dados.

O LFPQR tem melhores rácios de entrega porque selecciona nós mais estáveis que contêm melhores níveis de energia. A perda de pacotes é menor devido à baixa probabilidade de falhas dos nós e de partições da rede no encaminhamento LFPQR. Isto mostra uma melhoria no desempenho do encaminhamento.

5.6 Conclusões

Propusemos um agrupamento ponderado com a influência do algoritmo NFPQRCL que se adapta dinamicamente à topologia em constante mudança da rede ad-hoc e fornece um melhor caminho de encaminhamento. O nosso algoritmo tenta distribuir a carga tanto quanto possível e obter uma melhor conetividade na rede. Para o encaminhamento, são encontrados caminhos mais estáveis, atrasos mínimos e melhora o rácio de entrega, a violação da QoS é reduzida, o que aumenta o tempo de vida da MANET. O nosso algoritmo não só selecciona caminhos estáveis como também distribui a carga e aumenta o tempo de vida da rede.

CAPÍTULO : 6

CONCLUSÃO E TRABALHO FUTURO

6.1 Conclusão

A tese introduz as redes Ad Hoc juntamente com várias tecnologias, desafios, problemas e falhas. Também descreve várias classes de algoritmos de agrupamento e parâmetros de qualidade do serviço com métricas de qualidade. A literatura é analisada em termos de tecnologias, protocolos de rede, problemas entre camadas e limitações das redes ad hoc móveis.

O trabalho de investigação identificou os problemas relacionados com o agrupamento optimizado de MANET com vários parâmetros. O problema relacionado com a melhoria dos parâmetros de QoS é também incorporado com a mesma atenção. Por último, o enunciado do problema identificou problemas relacionados com o reagrupamento, a reafiliação de nós, o número de conjuntos dominantes e a conetividade no caso do agrupamento. O enunciado do problema incluía também o atraso extremo-a-extremo e a perda de pacotes como desafios de QoS.

O trabalho de investigação propõe o protocolo de encaminhamento QoS de previsão de falhas de nós com níveis de potência classificados, o algoritmo de agrupamento ponderado e a conglomeração de ambos. Os resultados da simulação do protocolo de encaminhamento QoS de previsão de falhas de nós com níveis de potência classificados mostram a eficiência do algoritmo proposto. A qualidade do serviço de encaminhamento é assegurada, nomeadamente em termos de atraso extremo a extremo e de perda de pacotes. O atraso de extremo a extremo é conseguido através de caminhos mais estáveis seleccionados durante a descoberta de rotas. O algoritmo proposto tem um rácio de entrega de pacotes superior ao do NFPQR porque o NFPQRCL encontra caminhos estáveis que não contêm ligações fracas entre os nós.

O NFPQR discutiu a necessidade de prever o estado futuro dos nós para proporcionar um melhor encaminhamento QoS. Esta heurística de previsão é utilizada para selecionar um nó como o próximo nó de retransmissão durante o processo de descoberta de rotas. O encaminhamento QoS é assegurado especialmente em termos de atraso de extremo a extremo e perda de pacotes. O atraso de extremo a extremo é conseguido através dos caminhos mais estáveis seleccionados durante a descoberta de rotas. O NFPQRCL não só selecciona caminhos estáveis como também distribui a partilha de carga e aumenta o tempo de vida da rede.

O trabalho de investigação propôs um algoritmo de agrupamento distribuído baseado no peso (WCA) que pode adaptar-se dinamicamente à topologia em constante mudança das redes ad hoc. A nossa abordagem restringe o número de nós a serem atendidos por uma cabeça de agrupamento, de modo a não degradar o funcionamento do MAC. Tem também a flexibilidade de atribuir pesos diferentes e tem em conta um efeito combinado do grau ideal, da potência de transmissão, da mobilidade e da potência da bateria dos nós. O algoritmo só é executado quando há uma procura, ou seja, quando um nó já não consegue ligar-se a nenhum dos clusterheads existentes. O nosso algoritmo de agrupamento tenta distribuir a carga tanto quanto possível. Observamos que existe um padrão de como o LBF (load balance fator) muda para distribuir a carga. Verifica-se um aumento gradual do LBF devido à difusão dos nós entre os clusters. A diminuição acentuada deve-se ao desequilíbrio causado pelo algoritmo de agrupamento para garantir que os nós estão ligados, o que ajuda a encaminhar as mensagens de qualquer nó para qualquer outro nó. Por conseguinte, existe um compromisso entre a carga gerida pelos clusterheads e a conetividade da rede. Realizámos experiências de simulação para medir o desempenho do nosso algoritmo de agrupamento e demonstrámos que tem um desempenho significativamente melhor do que as heurísticas de grau mais elevado e de ID mais baixo. Em particular, o número de reafiliações para o WCA é cerca de 50% do obtido com a heurística Lowest-ID. Embora a nossa abordagem tenha um desempenho marginalmente melhor do que a heurística Node-Weight, considera parâmetros de sistema mais realistas e tem a flexibilidade de ajustar os factores de ponderação.

O trabalho propôs um agrupamento ponderado com a influência do algoritmo NFPQRCL que se adapta dinamicamente à topologia em constante mudança da rede ad-hoc e fornece um melhor caminho de encaminhamento. O nosso algoritmo tenta distribuir a carga tanto quanto possível e obter uma melhor conetividade na rede. Para o encaminhamento, são encontrados caminhos mais estáveis, atrasos mínimos e melhora o rácio de entrega, a violação da QoS é reduzida, o que aumenta o tempo de vida da MANET. O nosso algoritmo não só selecciona caminhos estáveis como também distribui a carga e aumenta o tempo de vida da rede.

6.2 Trabalho futuro

Como na proposta apresentada, o nível de potência é classificado em duas classes. Coloca a fonte e o destino numa classe e o nó intermédio noutra classe de nível de potência. A primeira classificação pode ainda classificar a origem e o destino em diferentes classes de energia. O movimento dos nós também pode ser considerado para investigação futura, a fim de prever o futuro de um nó. A proposta apresentada pode aplicar-se à rede veicular, o que pode atrair o utilizador geral e a indústria para as MANET.

O trabalho de investigação melhorou apenas dois parâmetros da qualidade do serviço. Os outros parâmetros, como a largura de banda e a variação do atraso (jitter), também seriam melhorados pelos investigadores.

No futuro, os investigadores podem incorporar restrições adicionais no algoritmo de agrupamento ponderado para melhorar.

Referências

1. I. Chlamtac, M. Conti e J. Liu, "Mobile Ad Hoc Networking:Imperatives and Challenges," *Ad Hoc Networks J.,* vol. 1, no. 1, Jan.-Mar., 2003.

2. S. Basagni *et al.*, Eds., *Mobile Ad Hoc Networking,* IEEE Press e Wiley, 2004.

3. M. Conti, "Wireless Communications and Pervasive Technologies," Capítulo 4 de *Environments: Technologies,Protocols and Applications,* D. Cook e S. K. Das, Eds., Wiley, 2004, pp. 63-99.

4. E. Borgia, M. Conti, and F. Delmastro, "MobileMAN: Integration and Experimentation of Legacy Mobile Multihop Ad Hoc Networks," *IEEE Commun. Mag.,* vol. 44, no. 7, julho de 2006, pp. 74-79.

5. M. Conti, F. Delmastro e G. Turi, "Peer-to-Peer Computing in Mobile Ad Hoc Networks", *Mobile Middleware,* A. Corradi e P. Bellavista, Eds., CRC Press, 2006.

6. G. Anastasi, M. Conti e A. Passarella, "Power Management in Mobile and Pervasive Computing Systems", capítulo 24, *Algorithms and Protocols for Wireless and Mobile Networks,* A. Boukerche, Ed., CRC-Hall, outubro de 2005.

7. L. Buttyan e J. P. Hubaux, "Report on a Working Session on Security in Wireless Ad Hoc Networks", *Mobile Comp. and Commun. Rev.,* vol. 6, no. 4, 2002.

8. P. Gunningberg *et al.,* "Lessons from Experimental MANET Research", *Ad Hoc Networks J.,* vol. 3, no. 2, Mar. 2005.

9. T. R. Andel e A. Yasinac, "On the Credibility of MANET Simulations", *IEEE Comp.,* vol. 39, número 7, julho de 2006, pp. 48-54.

10. S. Kurkowski, T. Camp, e M. Colagrosso, "MANET Simulation Studies: the Incredibles," *ACM SIGMOBILE Mobile Comp. and Commun. Rev.,* vol. 9, no. 4, Oct. 2005, pp. 50-61.

11. T. Camp, J. Boleng, e V. Davies "A Survey of Mobility Models for Ad Hoc Network Research," *Wireless Commun. and Mobile Comp.,* Special Issue on Mobile Ad Hoc Networking Research, Trends and Applications, vol. 2, no. 5, 2002, pp. 483-502.

12. J. Yoon, M. Liu, e B. Noble, "Random Waypoint Considered Harmful," *Proc. IEEE INFOCOM '03,* vol. 2, pp. 1312-21.

13. D. M. Blough, G. Resta e P. Santi, "A Statistical Analysis of the Long-Run Node Spatial

Distribution in Mobile Ad Hoc Networks", *Proc. ACMMSWiM '02,* Atlanta, GA, setembro de 2002.

14. W. Navidi e T. Camp, "Distribuições estacionárias para o modelo de mobilidade de pontos de passagem aleatórios", *IEEE Trans. Mobile Comp.,* vol. 3, no. 1, Jan.-Mar. 2004, pp. 99-108.

15. J.-Y. Le Boudec e M. Vojnovic, "Perfect Simulation and Stationarity of a Class of Mobility Models", *IEEE INFOCOM '05,* Miami, FL, 2005.

16. Anastasi *et al.,* "Understanding the Real Behavior of Mote and 802.11 Ad Hoc Networks: An Experimental Approach", *Pervasive and Mobile Comp. J.,* vol. 1, no. 2, junho de 2005.

17. D. Kotz *et al.,* "Experimental Evaluation of Wireless Simulation Assumptions", *Proc. 7th ACM/IEEE Int'l. Symp. Modeling, Analysis and Simulation of Wireless and Mobile Sys.,* Veneza, Itália, 3-7 de outubro de 2004.

18. D. Cavin, Y. Sasson, e A. Schiper, "On the Accuracy of MANET Simulators," *Proc. ACMPOMC '02,* Toulouse, França, outubro de 2002.

19. M. Takai, J. Martin e R. Bagrodia, "Effects of Wireless Physical Layer Modeling in Mobile Ad Hoc Networks", *Proc. MobiHoc '01.*

20. Mehran Abolhasan, Tadeusz A. Wysocki, e Eryk Dutkiewicz. "A review of routing protocols for mobile ad hoc networks", Ad Hoc Networks, 2(1):1-22,

2 004.

21. R. Braden, D. Clark e S. Shenker. "Integrated services in the Internet architecture: an overview", Relatório Técnico 1633, IETF, 1994.

22. J. Broch, David B. Johnson e David A. Maltz. "O protocolo de roteamento de origem dinâmica para redes ad hoc móveis. Internet-Draft Version 02", IETF, junho de 1999.

23. Josh Broch, David A. Maltz, David B. Johnson, Yih-Chun Hu e Jorjeta Jetcheva. "A performance comparison of multi-hop wireless ad hoc network routing protocols", In Mobile Computing and Networking, páginas 85-97, 1998.

24. Shigang Chen e Klara Nahrstedt. "A distributed quality-ofservice routing in ad- hoc networks", IEEE Journal onSelected Areas in Communications, 17(8), páginas 1488-1505, agosto de 1999.

25. S. Corson e J. Macker. "Mobile ad hoc networking (manet): Routing protocol performance issues and evaluations considerations", Request for Comments 2501, IETF, janeiro de 1999.

26. Santanu Das, Charles E. Perkins, e ElizabethM. Royer. "Ad hoc on demand distance vectoring (AODV) routing", Internet-Draft Version 4, IETF, outubro de 1999.

27. R. Dube, C. Rais, K. Wang e S. Tripathi. "Signal stability based adaptive routing (ssa) for ad hoc mobile networks", IEEE Personal Communications Pages 36-45 February 1997.

28. Ying Ge, Thomas Kunz e Louise Lamont. "Quality of service routing in ad- hoc networks using olsr", In HICSS, página 300, 2003.

29. Zygmunt J. Haas, Marc R. Pearlman e Prince Samar. "The zone routing protocol (zrp) for ad hoc networks", Internet-draft, IETF MANET Working Group, julho de 2002. Expiração: janeiro de 2003.

30. Wu J. Jawhar I. "Quality of service routing in mobile ad hoc networks. Resource management in wireless networking", cardei m, cardei i, du d-z (eds.). Springer, Network Theory and Applications, 16:365-400, 2005.

31. David B Johnson e David A Maltz. "Dynamic source routing in ad hoc wireless networks". Em Mobile Computing, volume 353. Kluwer Academic Publishers, 1996.

32. Young-Bae Ko e Vaidya Nitin. "Using location information to improve routing in ad hoc networks", Relatório Técnico TR97- 013, 11, 1997.

33. Young-Bae Ko e Nitin H. Vaidya. "Location-aided routing (LAR) in mobile ad hoc networks". Em Mobile Computing and Networking, páginas 66-75, 1998.

34. Seoung-Bum Lee, Gahng-Seop Ahn, Xiaowei Zhang e Andrew T. Campbell. "INSIGNIA: An IP-based quality of service framework for mobile ad hoc networks", Journa lof Parallel and Distributed Computing, 60(4):374-406, 2000.

35. C.R. Lin e J.S Liu. "Qos routing in ad hoc wireless networks". IEEE Journal on Selected Areas in Communications, 17:1426-1438, 1999.

36. Anthony Ephremides M. Scott Corson. "A distributed routing algorithm for mobile wireless networks", Wireless Networks, 1(1):61-81, 1995.

37. The Network Simulator ns-2 (v2.ns2.28). http://www.isi.edu/nsnam/ns/, outubro 2 005.

38. V. Park e M. Corson. "Temporally-ordered routing algorithm (tora) version 1 functional specification", 2001.

39. C. Perkins e E. Royer. "Quality of service in ad hoc ondemand distance vetor routing", IETF Internet Draft, novembro de 2001.

40. Charles Perkins e Pravin Bhagwat. "Highly dynamic destination-sequenced distance-vetor routing (DSDV) for mobile computers", In ACM SIGCOMM'94 Conference on Communications Architectures, Protocols and Applications, pages 234-244, 1994.

41. S. Shah e K. Nahrstedt. "Predictive location-based qos routing in mobile ad hoc networks", IEEE conference on communications Vol. 2 pages 1022-1027 2002.

42. Raghupathy Sivakumar, Prasun Sinha e Vaduvur Bharghavan. "Core extraction distributed ad hoc routing (cedar) specification". Projeto Internet, Grupo de Trabalho MANET da IETF, outubro de 1998. Expiração: abril de 1999.

43. W. Su, S. Lee, e M. Gerla. "Mobility prediction and routing in ad hoc wireless networks", ACM Internationl Journal of Network Management Vol. 11 Issue 1 pages 3-39 2001.

44. Hongyi Wu Swades De, Sajal K. Das e Chunming Qiao. "Trigger-based distributed qos routing in mobile ad hoc networks". ACM SIGMOBILE Mobile Computing and Communications, 6:22- 35, 2002.

45. S. Blake D. Black M. Carlson E. Davies Z. Wang e W. Weiss. "An architecture for differentiated services", Relatório Técnico 2475, IETF, 1998.

46. H. Xiao, W. Seah, A. Lo e K. Chua. "Um modelo flexível de qualidade de serviço para redes ad-hoc móveis". Vehicular Technology Conference Proceeding (VTC 2000) Vol. 1, páginas 445-449 2000.

47. R. Bruno, M. Conti e E. Gregori, "Mesh Networks: Commodity Multihop Ad Hoc Networks", *IEEE Commun. Mag.,* Mar. 2005, pp.123-31.

48. A.Ephremides, "Energy Concerns in Wireless Networks," *IEEE Wireless Commun.,* vol. 9, no. 4, Aug. 2002, pp. 48-59.

49. P. Gupta e P. R. Kumar, "The Capacity of Wireless Networks," *IEEE Trans. Info. Theory,* vol. IT-46, no. 2, Mar. 2000, pp. 388-404.

50. P. Gupta, R. Gray e P. R. Kumar, "An Experimental Scaling Law for Ad Hoc Networks,"

http://black1 .csl.uiuc.edu/ ~prkumar/html_files/postscript_files.html, 2001.

51. P. Gunningberg *et al.*, "Lessons from Experimental MANET Research", *Ad Hoc Networks J.,* Special Issue on Ad Hoc Networking for Pervasive Systems, M. Conti and E. Gregori, Eds., vol. 3, no. 2, Mar. 2005.

52. M. Grossglauser e D. N. C. Tse, "Mobility Increases the Capacity of Ad-Hoc Wireless Networks", *IEEE/ACM Trans. Net.,* vol. 10, no. 4, Aug. 2002.

53. M. Conti *et al.,* "Cross Layering in Mobile Ad Hoc Network Design," *IEEE Comp.,* Feb. 2004, pp. 48-51.

54. K. Fall, "A Delay-Tolerant Network Architecture for Challenged Internets", *ACM SIGCOMM,* agosto de 2003.

55. L. Pelusi, A. Passarella, e M. Conti, "Opportunistic Networking: Data Forwarding in Disconnected Mobile Ad Hoc Networks", *IEEE Commun. Mag.*, Dez. 2006.

56. S. Tang, F.-Y. Wang, e Q. Miao, ITSC05: "Current Issues and Research Trends," *IEEE Intelligent Sys.,* vol. 21, no. 2, 2006, pp. 96-102.

57. V. Raghunathan *et al.,* "Energy aware Wireless Microsensor Networks," *IEEE Sig. Processing*, Mar. 2002.

58. M. Maroti *et al.,* "Shooter Localization in Urban Terrain," *IEEE Computer,* Aug. 2004, pp. 60-61.

59. I. F. Akyildiz *et al.*, "Wireless Sensor Networks: A Survey Revisited", *Comp. Networks*, 2006.

60. S. Giordano, D. Lenzarini e A. Puiatti "Demonstrating Optimized Seamless Handover of Multihop Networks", *ACM REALMAN Wksp.,* em conjunto com Mobihoc 2006, Firenze, Itália, maio de 2006.

61. A.Amis e R. Prakash, Load-balancing clusters in wireless ad hoc networks, em: *Proceedings of ASSET 2000,* Richardson, TX, março de 2000, pp. 25-32.

62. D.J. Baker e A. Ephremides, A distributed algorithm for organizing mobile radio telecommunication networks, em: *Proceedings of the 2nd International Conference on Distributed Computer Systems,* abril de 1981, pp. 476-483.

63. D.J. Baker e A. Ephremides, The architectural organization of a mobile radio network via

a distributed algorithm, IEEE Transactions on Communications COM-29 11 (1981) 1694-1701.

64. S. Basagni, I. Chlamtac e A. Farago, Um algoritmo de agrupamento generalizado para redes peer-to-peer, em: *Proceedings of Workshop on Algorithmic Aspects of Communication* (workshop satélite do ICALP), julho de 1997.

65. S. Basagni, Distributed clustering for ad hoc networks, em: *Proceedings of International Symposium on Parallel Architectures, Algorithms and Networks,* junho de 1999, pp. 310-315.

66. S. Basagni, Distributed and mobility-adaptive clustering for multimedia support in multi-hop wireless networks, in: *Proceedings of Vehicular Technology Conference, VTC,* Vol. 2, 1999-Fall, pp. 889-893.

67. B. Bollbas, *Random Graphs* (Academic Press, 1985).

68. M. Chatterjee, S.K. Das e D. Turgut, Um algoritmo de agrupamento ponderado a pedido (WCA) para redes ad hoc, em: *Proceedings of IEEE GLOBECOM 2000,* São Francisco, novembro de 2000, pp. 1697- 1701.

69. I.Chlamtac e A. Farago, A new approach to the design and analysis of peer-to-peer mobile networks, Wireless Networks 5(3) (agosto de 1999) 149-156.

70. A.Ephremides, J.E. Wieselthier e D.J. Baker, Um conceito de conceção para redes de rádio móveis fiáveis com sinalização por salto de frequência, em: *Proceedings of IEEE,* Vol. 75(1) (1987) 56-73.

71. M. Gerla e J.T.C. Tsai, Multicluster, mobile, multimedia radio network, Wireless Networks 1(3) (1995) 255-265.

72. http ://www.bluetooth. com

73. M. Joa-Ng e I.-T. Lu, A peer-to-peer zone-based two-level link state routing for mobile ad hoc networks, IEEE Journal on Selected Areas in Communications (agosto de 1999) 1415-1425.

74. D.B. Johnson, Routing in ad hoc networks of mobile hosts, em: *Proceedings of the IEEE Workshop on Mobile Computing Systems and Applications* (dezembro de 1994), pp.158-163.

75. D.B. Johnson e D.A. Maltz, Dynamic source routing in ad hoc wireless networks, *Mobile Computing,* eds. T. Imielinski e H. Korth (Kluwer Academic Publishers, 1996) cap. 5, pp.

153-181.

76. W.C.Y. Lee, *Mobile Cellular Telecommunications* (McGraw Hill, 1995).

77. C.-H.R. Lin e M. Gerla, A distributed control scheme in multi-hop packet radio networks for voice/data traffic support, in: *Proceedings of IEEE GLOBECOM* (1995) pp. 1238-1242.

78. C.-H.R. Lin e M. Gerla, Uma arquitetura distribuída para multimédia em redes sem fios dinâmicas, in: *Proceedings of IEEE GLOBECOM* (1995) pp. 1468-1472.

79. A.B. McDonald e T.F. Znati, A mobility-based framework for adaptive clustering in wireless ad hoc networks, IEEE Journal on Selected Areas in Communications 17(8) (1999) 1466-1487.

80. A.K. Parekh, Selecting routers in ad-hoc wireless networks, em: *Proceedings of the SBT/IEEE International Telecommunications Symposium*, agosto de 1994.

81. L. Ramachandran, M. Kapoor, A. Sarkar e A. Aggarwal, Clustering algorithms for wireless ad hoc networks, em: *Proceedings of Workshop on Discrete Algorithms and Methods for Mobile Computing and Communications*, Boston, agosto de 2000, pp. 54-63.

82. E.H.-K.Wu, J.T.-C. Tsai and M. Gerla, The effect of radio propagation on multimedia, mobile, multihop networks: models and countermeasures, in: *Actas da Conferência Internacional de Redes do IEEE de Singapura,* SICON'97.

83. Hedrick, C.: Routing Information Protocol. Internet Request For Comments 1058 (1988)

84. Moy, J.: OSPF Versão 2. Internet Request For Comments 1247 (1991)

85. Perkins, C.E., Royer, E.M.: Ad-hoc On-Demand Distance Vetor Routing. Actas do 2º Workshop do IEEE sobre Sistemas e Aplicações de Computação Móvel (1999).

86. Johnson, D.B., Maltz, D.A.: Dynamic Source Routing in Ad Hoc Wireless Networks. Mobile Computing. (1996) 153-181

87. Ash, G.H., Kafker, A.H., Krishnan, K.R.: Servicing and Real-Time Control of Networks with Dynamic Routing. Bell System Technical Journal, Vol. 60, No. 8 (1981).

88. Gibbons, R.J., Kelley, F.P., Key, P.B.: Dynamic Alternative Routing - Modelling and Behavior. Actas da 12ª Conferência Internacional de Teletráfego (1988).

89. Fórum ATM. Especificação da interface utilizador-rede ATM, versão 3.0.

90. Murthy, S., Garcia-Luna-Aceves, J.J.: An Efficient Routing Protocol for Wireless Networks, Mobile Networks and Applications, Vol. 1, No. 2 (1996).

91. Perkins, C.E., Bhagwat, P.: Highly Dynamic Destination-Sequenced DistanceVector Routing (DSDV) for Mobile Computers. ACM SIGCOMM (1994) 234244.

92. Pham, P.P., Perreau, S.: Análise de desempenho do mecanismo de encaminhamento reativo do caminho mais curto e do mecanismo de encaminhamento multi-caminhos com equilíbrio de carga. IEEE INFOCOM (2003).

93. Ye, Z., Krishnamurthy, S.V., Tripathi, S.K.: A Framework for Reliable Routing in Mobile Ad Hoc Networks. IEEE INFOCOM (2003).

94. Lee, S.-J., Gerla, M.: Split Multipath Routing with Maximally Disjoint Paths in Ad Hoc Networks. Conferência Internacional do IEEE sobre Comunicações, Vol. 10 (2001).

95. Marina, M.K., Das, S.R.: On-demand Multipath Distance Vetor Routing in Ad Hoc Networks. Actas da Conferência Internacional para os Protocolos de Rede (2001).

96. Krishnan, R., Silvester, J.A.: Choice of Allocation Granularity in Multipath Source Routing Schemes. IEEE INFOCOM (1993)

97. Wu, K., Harms, J.: Performance Study of a Multipath Routing Method for Wireless Mobile Ad Hoc Networks (Estudo do desempenho de um método de encaminhamento multipercurso para redes móveis sem fios Ad Hoc). Actas do Simpósio sobre Modelação, Análise e Simulação de Sistemas Informáticos e de Telecomunicações (2001) 99-107

98. Pearlman, M.R., Haas, Z.J., Sholander, P., Tabrizi, S.S.: On the Impact of Alternate Path Routing for Load Balancing in Mobile Ad Hoc Networks (Sobre o impacto do roteamento de caminho alternativo para balanceamento de carga em redes móveis Ad Hoc). Actas do ACM MobiHoc, (2000) 3-10.

99. Leung, R., Liu, J., Poon, E., Chan, A.-L.C., Li, B.: MP-DSR: A QoS-aware Multipath Dynamic Source Routing Protocol forWireless Ad-hoc Networks. Actas da 26ª Conferência Anual do IEEE sobre Redes de Computadores Locais (2001) 132-141.

100. Jiang, S., He, D., Rao, J.: A Prediction-based Link Availability Estimation for Mobile Ad Hoc Networks. IEEE INFOCOM (2001).

101. Valera, A., Seah, W.K.G, Rao, S.V.: Cooperative Packet Caching and Shortest

Multipath Routing in Mobile Ad Hoc Networks. IEEE INFOCOM (2003).

102. Nasipuri, A., Das, S.R.: On-Demand Multipath Routing for Mobile Ad Hoc Networks. Actas da 8ª Conferência Internacional sobre Comunicações e Redes de Computadores (1999).

103. Tsirigos, A., Haas, Z.J.: Multipath Routing in the Presence of Frequent Topological Changes. IEEE Communications Magazine, Vol. 39, No. 11 (2001).

104. Wang, L., Shu, Y., Dong, M., Zhang, L., Yang, O.W.W.: Adaptive Multipath Source Routing in Ad Hoc Networks. Conferência Internacional do IEEE sobre Comunicações, Vol. 3 (2001).

105. Das, S.K., Mukherjee, A., Bandyopadhyay, S., Paul, K., Saha, D.: Improving Quality-of-Service in Ad hoc Wireless Networks with Adaptive Multi-path Routing. Conferência Global de Telecomunicações do IEEE (2000)

106. Liao, W.-H., Tseng, Y.-C., Wang, S.-L., Sheu, J.-P.: A Multi-path QoS Routing Protocol in a Wireless Mobile Ad Hoc Network. Conferência Internacional do IEEE sobre Redes (2001).

107. Chen, Y.-S., Tseng, Y.-C., Shue, J.-P., Kuo, P.-H.: On-Demand, Link-State, Multi-Path QoS Routing in aWireless Mobile Ad-Hoc Network. Actas da European Wireless (2002).

108. Intanagonwiwat, C., Govindan, R., Estrin, D.: Directed Diffusion: A Scalable and Robust Communication Paradigm for Sensor Networks. Actas da ACM Mobicom (2000).

109. Ganesan, D., Govindan, R., Shenker, S., Estrin, D.: Highly Resilient Energy Efficient Multipath Routing in Wireless Sensor Networks. Mobile Computing and Communications Review, Vol. 1, No. 2 (2002).

110. Wang, Y., Panwar, S., Lin, S., Mao, S.: Wireless Video Transport Using Path Diversity: Multiple Description vs. Layered Coding. Actas da Conferência Internacional do IEEE sobre Processamento de Imagens (2002).

111. Mao, S., Lin, S., Panwar, S.S., Wang, Y.: Reliable Transmission of Video Using Automatic Repeat Request and Multi-path Transport. Conferência de Tecnologia Veicular do IEEE (2001).

112. A.Veres *et al.,* "Supporting Service Differentiation in Wireless Packet Networks Using

Distributed Control", *IEEE JSAC,* outubro de 2001.

113. D. Thomson, N. Schult e M. Mirhakkak, "Dynamic Quality- of-Service for Mobile Ad Hoc Networks", *MobiHoc 2000,* Boston, MA.

114. P. Karn, "MACA -a New Channel Access Method for Packet Radio", *ARRL/CRRL Amateur Radio 9th Comp. Net. Conf.,* 1990, pp. 134-40.

115. V. Bharghavan *et al.,* "MACAW: A Media Access Protocol for Wireless LANs," *Proc. ACM SIGCOMM 1994.*

116. Edição especial sobre redes Ad Hoc sem fios, *IEEE JSAC,* agosto de 1999.

117. C. R. Lin e M. Gerla, "Asynchronous Multimedia Multihop Wireless Networks", *IEEE INFOCOM1997.*

118. E. M. Royer e C.-K. Toh. "A Review of Current Routing Protocols for Ad-Hoc Mobile Wireless Networks", *IEEE Pers. Commun.,* abril de 1999, pp. 46-55.

119. S.-J. Lee e M. Gerla, "Dynamic Load-Aware Routing in Ad Hoc Networks," *Proc. ICC,* Helsínquia, Finlândia, junho de 2001.

120. J. Li e P. Mohapatra, "PANDA: A Positional Attribute-Based Next-hop Determination Approach for Mobile Ad Hoc Networks," Tech. rep., Dept. of Comp. Sci., UC Davis, 2002.

121. C. Zhu e M. S. Corson, "QoS Routing for Mobile Ad Hoc Networks", *INFOCOM 2002.*

122. W. H. Liao *et al.*, "A Multi-Path QoS Routing Protocol in a Wireless Mobile Ad Hoc Network," *IEEE ICN,* 2001.

123. G. S. Ahu *et al.,* "SWAN: Service Differentiation in Stateless Wireless Ad Hoc Networks," *Proc. INFOCOM 2002.*

124. K. Chandran *et al.,* "A Feedback-Based Scheme for Improving TCP Performance in Ad Hoc Wireless Networks," *IEEE Pers. Commun.,* vol. 8, no. 1, Feb. 2001, pp. 34-39.

125. G. Holland e N. Vaidya, "Analysis of TCP Performance over Mobile Ad hoc Networks", *ACMMobiCom,* Seattle, WA, agosto de 1999.

126. S. B. Lee *et al.,* "INSIGNIA: An IP-Based Quality of Service Framework for Mobile Ad Hoc Networks," *J. Parallel and Distrib. Comp.,* Special issue on Wireless and Mobile Computing and Communications, vol. 60 no. 4, abril de 2000, pp. 374-406.

127. K. Chen, S. H. Shah e K. Nahrstedt, "Cross Layer Design for Data Accessibility in Mobile Ad Hoc Networks", *J. Wireless Commun.,* vol. 21, 2002, pp. 49-75.

128. Marco Conti, Silvia Goirdano, " Multihop Ad Hoc Networking: The Theory", IEEE Communication Magazine, abril de 2007.

129. Marco Conti, Silvia Goirdano, " Multihop Ad Hoc Networking: The Reality", IEEE Communication Magazine, abril de 2007.

130. D.Satyanarayana, Sathyashree. S., " Node Failure Prediction QoS Routing Protocol for Ad Hoc Sensor Networks", Wireless Communiocation and Sensor Networks, pp. 97-103.

131. D.Satyanarayana, S.V.Rao, " Link Failure Prediction QoS Routing Protocol For MANET", IET-UK International Conference on Information and Communication Technology in Electrical Science (ICTES 2007),Dr. MGR University, Tamil Nadu, India, Dec. 20-23, pp.1031-1036.

132. Mainak Chatterjee, Sajal K. Das, Damla Turgut, " WCA: Weighted Clustering Algorithm for Mobile Ad Hoc Networks", Cluster Computing 5, 193 - 204, 2002, 2002 Kluwer Academic Publishers, Manufactured in Neatherland.

133. Prashant Mohapatra, Jian Li, Chao Gui, " QoS in Mobile Ad Hoc Networks", IEEE Wireless Communications july 2003, pp. 44-52.

134. Stephen Mueller, Rose P. Tsang, Deepak Ghoshal, "Multipath Routing in Mobile Ad Hoc Networks: Issues and Challenges".

135. Ad Hoc Networking por Charles E. Perkins, Pearson Education.

136. Ad Hoc Networks - Technologies and protocol, Prashant Mohapatra, Srikanth Krishnamurthy, Springer.

137. Advances in Wireless Ad Hoc and Sensor Networks, Maggie Xiaoyan Cheng, Deying Li, Springer Series on Signals and Communication Technology.

138. Cluster Based Framework in Vehicular Ad Hoc Networks, Peng FAN, AI Lab, Universidade de Illinois em Chicago.

139. Policy Driven Mobile Ad Hoc Network Management, Ritu Chadha, Latha Kant, Wiley Series in Telecommunication and Signal Processing.

LISTA DE PUBLICAÇÕES

- Sudhakar Pandey, N.K.Shukla, "Improved node failure prediction QoS routing protocol for MANET", IJEMS, Vol.(1),66-68.www.scienceandnature.org

- Sudhakar Pandey, N.K.Shukla, "Improved weighted clustering algorithm for MANET", IJEMS, Vol.2(1),2011. www.scienceandnature.org

- Sudhakar pandey, N.K.Shukla, "An optimal flooding algorithm for MANET", IJES, Vol 1, number 3(2009),pp.223-227.

- Sudhakar Pandey, N.K.Shukla, "A conglomerate approach to design an efficient algorithm for MANET", 2nd annual International Conference on Network Technology and communicatio,24-25 Nov 2011, Singapore.

- S K Dwivwdi, N K Shukla, Sudhakar Pandey, "Directional Antenna Based sbsaa- mac protocol for manets review and performance evaluation", international journal of advancements in computer science and information technology. vol.o1, no.1, september,2011. pp.57-67.

MIX
Papier aus verantwortungsvollen Quellen
Paper from responsible sources
FSC® C105338

Printed by Books on Demand GmbH, Norderstedt / Germany